KB076478

마포주공아파트

MAPO Apartment
Housing Project in South Korea

the First Appearance and Completion
of K-Apartment Housing Model
by KHA (Korean Housing
Administration) & KHC (Korea
Housing Corporation)

Cheolsoo Park

MATI BOOKS

마포주공 아파ㅡ트

단지 신화의 시작   박철수

마티   **케이 모던** 1

일러두기

※ 　단행본과 논문집, 소설집, 잡지, 신문 등은 『　』로 묶어 표기하였으며, 단편소설이나 법률, 공문서, 단행본 안에 별도로 구성된 소논문 등은 「　」로 표기했다.
※ 　직접 인용한 내용은 "　"에, 지은이가 따로 정리한 내용과 특별하게 강조한 문장이나 용어 등은 '　'안에 넣어 따로 정리하였다. 그 외에도 특별히 주목할 내용 역시 '　'로 묶어 표기했다.

※ 　한자어나 외래어 표기가 필요하다고 판단되는 용어에는 (　)안에 이를 함께 넣었으며, 도면이나 사진 자료는 가급적 작성 일자나 촬영 일시를 명기하였으나 확인할 수 없을 경우는 언급하지 않았다.
※ 　오래전에 발행된 신문이나 잡지 기사 가운데 일부는 독자의 편의를 위해 글의 내용을 훼손하지 않는 범위에서 우리말 바로 쓰기 방식에 따라 고쳐 썼다. 물론 그대로 사용한 경우도 더러 있다.

편집자 서문

수년 전 박철수 교수님과 20세기 한국 현대사에서 중요한
사물에 관한 책을 기획해보자고 이야기를 나누었다.
1960~70년대 문화 연구에서 대중음악과 영화, 패션 등에는
관심을 기울이지만, 도시나 건축, 자동차와 모터리제이션,
인프라스트럭처 같은 것은 놓치고 있다는 데 의견이 일치했다.
이는 마티가 기획해 출간하고 있는 "케이 모던"으로 결실을
맺는다. 시리즈의 첫 권은 『마포주공아파트』여야만 했다.
한국이 만들어낸 것 가운데 아파트단지만큼 한국인의 인생
전체를 좌우하는 사물이 없고, 그 시작점에 마포주공아파트가
있으니 말이다.
　박철수 교수님이 『마포주공아파트』의 초고를 출판사에
건넨 때는 2022년 여름이다. 딱 부러지게 말씀하시지는
않았지만 내심 서둘러주길 바라는 눈치였다. 그러나 그러지
못했다. 한창 작업 중이던 다른 원고들이 밀려 있었고, 곧장
편집에 들어갈 만큼 퇴고도 충분치 않았다. 이런 실무적인
이유가 아니더라도 이 원고를 잠시 묵히는 편이 낫겠다고
여겼다. 공교롭게도 오랜 시간 공을 들인 두 권짜리 『한국주택

유전자』를 펴내고 얼마 지나지 않은 2021년 여름, 교수님의
건강이 악화되었기 때문이다. 분명 박철수 교수님은 책을 읽고
글을 쓰면서 에너지를 얻는 분이었지만, 치료에 전념하셔야 할
시기에 책을 마무리하는 일에 기운을 쏟게 하고 싶지 않았다.
"책이 나올 때까지 나는 안 볼 테니 박 선생이 다 알아서
하시라"라고 말씀하셨으나, 편집자는 언제나 저자의 확인을
거치고 싶은 법이다.

그러고 나서 반년이 지나지 않아 박철수 교수님은 세상을
떠났다. 『마포주공아파트』 초고는 그의 마지막 완고이자 유고가
되었다. 편집의 전권을 가지고 책을 완성해야 하는 숙제를
떠맡아야 했다. 하지만 움직일 수 있는 폭이 넓지는 않았다.
무엇보다 『마포주공아파트』의 상당한 내용이 『한국주택
유전자』 2권 3장 「마포주공아파트」에서 이미 다루어진 바
있기 때문이다. 한국에서 학술서가 수상할 수 있는 거의 모든
상을 받으며 높은 평가를 받은 『한국주택 유전자』에서 파생해
나온 별도의 단행본이기에 완성도에 대한 부담감이 컸다.
저자도 마찬가지였다. 박철수 교수님은 두 저술 사이의 관계를
유지하면서 새로운 내용과 인상을 더하는 일을 끝까지 손에
쥐고 있었다. 이 일을 이어받아 마무리하는 것이 편집자의
과제였다.

글에 대한 수정을 전적으로 위임받은 편집자로, 때론
한국의 건축과 도시에 대한 문제의식을 공유하는 후배
연구자로서 작업했다. 저자 박철수의 입장과 태도를 잘
헤아려 그가 충분히 쓰지 못한 구절을 채우는 한편, 불필요한
문장들을 과감히 덜어내서 그의 논지를 분명히 하려 했다.
통상적인 교정·교열의 범위 이상으로 조심스레 문장 사이를
오갔다. 박철수 교수님이라면 좀처럼 쓰지 않았을 법한 표현도
있을 것이다. 그러나 그의 의중에서 완전히 벗어나는 문장은

없을 것이라고 믿는다. 나의 믿음이 저자의 믿음과 어긋나지
않기만을 바란다.

　　이 원고가 출판사에 머물고 있음을 알면서도 조금도
재촉하지 않고 기다려준 박철수 교수님의 가족에게
감사의 마음을 전한다. 그의 긴 저술 목록에 추가되는
『마포주공아파트』가 그를 기리는 많은 이들에게 작은 위로가
되기를 바란다.

　　편집자 박정현

저자 서문

『한국주택 유전자』가 세상에 나온 때는 2021년 6월이다. 아직 코로나 팬데믹의 공포가 지구 전체를 두텁게 감싸고 있을 때였다. 그때까지 벌써 1년 반이나 문을 열지 못한 학교를 뒤로하고 온라인으로 다시 한 학기를 마칠 즈음이었다. 오랜 시간 공들여 책을 썼기 때문인지 몸도 전처럼 가볍지 않았고, 감염에 대한 두려움으로 모두가 모임을 기피하고 있었다. 책을 세상에 내놓으면 격식이라도 차릴 요량으로 갖곤 하는 '북토크' 등도 상상하기 힘들었다.

그러던 차에 서울대학교와 고려대학교 대학원, 정림건축문화재단과 새건축사협의회에서 온라인 강연 요청을 받았다. 이렇게 마련된 몇 번의 기회를 두고 벽돌 같은 책을 어떻게 압축해 추려 말할 수 있을까 여러 날 궁리했다. 내용을 설명하기보다 '이 많은 자료를 어떻게 정리했느냐'고 묻는 대학원생이나 건축가들에게 방법을 전하는 편이 낫겠다는 생각이 들었다. '어떻게 공부할 것인가?'라는 질문을 앞에 두고 '나의 공부법과 태도'를 보태면 연구가 책으로 엮이는 과정을 전달할 수 있을 것 같았다. 그간 펴낸 몇 권의 다른 책과

『한국주택 유전자』를 함께 다루며 전체 연구 영역을 조망하는
식으로 이야기를 전하고 싶었다.

『한국주택 유전자』를 쓰는 동안 곁눈질을 해서 몇몇
독립연구자와 함께『경성의 아파트』라는 이름의 책도 엮었다.
1930년대 일본이 서구의 사례를 번역해 조선에 들여온
'아파-트'가 지금의 '단지식 아파트'와는 달리 거리와 긴밀하게
연결되는 건축 유형이었다는 사실에 주목한 책이었다.
『한국주택 유전자』1권에서 한 장에 압축할 수밖에 없었던
소재였는데 분량 제한에서 벗어나 한 권의 단행본으로 엮은
것이었다.『경성의 아파트』를 펴낸 도서출판 집의 이상희
대표는 이를『한국주택 유전자』한 꼭지의 '심화편'이라
불러주었다.

『한국주택 유전자』에 담긴 25개 장은 모두 '심화편'으로
확장될 수 있는 주제이고 그렇게 되어야 한다고 생각한다.
그래야 건축사에 공백으로 남은 주거사를 온전히 채울 수 있다.
혼자 서두른다고 될 일도 아니거니와 그렇게 할 수도 없는
작업이다.『한국주택 유전자』의「펴내며」에서 "이 책은 보다
폭넓은 재해석과 촘촘한 연구를 기대하기 위한 발판으로 서둘러
썼음을 고백하지 않을 수 없다"고 적었던 까닭이다.

『마포주공아파트』는『한국주택 유전자』의 또 다른
심화편이다. 연대기적으로 본다면 20세기 초『경성의
아파트』가 쥐고 달리던 바통을 넘겨받아 다른 주자에게 또
전해야 할 뜀박질의 중간 주자 격에 해당할지도 모를 일이다.
그 바통을 받아 전달해야 할 마땅한 최종 목적지는 아마도
21세기일 것이니『마포주공아파트』는 20세기 한국의 모던을
그대로 드러낸 전범이겠다.

건축학자인 도서출판 마티의 박정현 전 편집장은 2022년
『경향신문』기획 연재 기사 "콘트리트와 글로 빚은 20세기

한국건축"의 한 꼭지인 「'주거 혁명' 이후 반세기 … 우린 여전히 '마포아파트 체제'에 산다」에서, "마포아파트는 이미 오래전인 1994년 재건축되면서 사라졌지만 우리는 여전히 마포아파트 체제에 산다"고 적었다. 21세기인 오늘이 여전히 20세기에 발목 잡힌 채 옴짝달싹도 하지 못하는 처지와 상황을 '마포아파트 체제'로 압축한 것이다. 『마포주공아파트』는 이 문제의식에 대한 나의 답으로, '마포아파트 체제'의 생성 과정과 그 구조를 밝히고 싶었다.

오래전 어떤 자리에선가 박정현 전 편집장과 마주 앉아 '대한민국의 20세기를 오롯이 설명하는 물질적 대상'을 골라 단행본 시리즈를 만들면 어떨지 이야기를 나눈 적이 있다. 나는 그 자리에서 '마포아파트'와 '미군기지'를 언급했던 것으로 기억한다. 그렇게 건넸던 주제 가운데 하나가 씨를 뿌려 멀리 돌아 지금 여기 도달했다. 『한국주택 유전자』를 쓰기 위해 오랜 시간 수집한 기록물과 도면, 각종 관련 문서와 이미지 파일 등이 있었기에 『마포주공아파트』를 쓰겠다고 나설 수 있었다.

『마포주공아파트』는 『한국주택 유전자』 2권의 세 번째 장에 자리한 「마포아파트: 1962·1964」를 보다 넓고 깊게 살핀 책이다. 당연히 먼저 나온 책의 얼개와 내용이 단행본 전체를 새롭게 구성하는 기본적인 뼈대가 됐고, 『마포주공아파트』는 거기에 보태는 근육과 살점일 것이다. 지금 이 시간에도 여전히 한국인의 세계관과 일상을 지배하는 '마포아파트 체제'를 이렇게 몸에 비유한 까닭은 그것이 여전히 살아 있는 유령처럼 우리 곁을 맴돌며 미처 눈치 채지도 못할 만큼 일상의 모든 행위와 판단에 교묘하게 간섭하고 있기 때문이다. 마포아파트 체제에서 벗어나는 일이란 과연 불가능한 걸까?

앙리 르페브르는 "새로운 형태의 정치권력은 그 나름의 공간구획 방식을 가진다"○고 말했다. '나름의 공간구획

○   Henry Lefebvre, *The Production of Space* (Oxford: Blackwell, 1992), p. 281.

방식'이란 국가와 정치권력의 이데올로기에 따라 여러 가지
방식으로 구성할 수 있다는 뜻일 것이다. 반공주의와 발전주의
그리고 여기에 권위주의가 결합한 박정희 정권에서 탄생해
1970년대 후반에 완성을 본 '마포아파트 체제'는 곧 대한민국의
공간 생산 방식이자 규범이라고 보아도 크게 무리는 아닐
것이다. 『마포주공아파트』는 5·16 쿠데타 권력의 이데올로기
프로젝트로 시작해 20세기를 지나며 한국의 정치, 주거,
교육, 복지 등을 아우르며 만들어진 '마포아파트 체제'를
해부학적으로 파헤쳐 보려는 작업이다.

'조국 근대화를 지향한 국가 재건'과 '현대적인 집단
공동생활 양식을 위한 생활혁명'은 헤게모니 프로젝트의
핵심이었다. 그들은 이를 '시범'이라 일컬었다. '국시(國是)의
제일의(第一義)는 반공'이었기에 고층아파트 건설은 대북 선전
장치이기도 했다. '현대적 시설을 완전히 갖춘 마포아파트'는
박해천의 표현을 빌면 "인간개조의 생체정치학적 프로그램을
완비한 정치적 보수화의 전초기지"○였다. 이후 전국을 뒤덮는
'아파트단지'로 귀결되기에 이른다.

단지화 전략을 통해 생산되는 "아파트단지는 일반 시가지
주택지보다 공급하는 주택 수도 많고 환경 수준도 높으니
그야말로 환상적인 개발 방식"이었다. 정부와 주택공사
관계자들은 이 효율성에 대단히 만족했을 것이다. 단지 내 도로,
공원, 놀이터 등은 단지 입주자들에게 맡겨버리고 정부는 단지
바깥의 간선도로 등 최소한의 기반시설만 준비하면 끝이었다.
마포주공아파트는 '단지화 전략을 통해 입주자들의 관리, 안전,
생활편의 등 도시의 공공기능을 사적 비용과 수단을 통해
조달하도록 함으로써 개발 비용을 사회에 부담하는 행위'◎의
출발점이다. 한국 아파트단지의 전범이다. 60년이 지난

16

○　박해천, 『콘크리트 유토피아』
(자음과모음, 2011), 96쪽.

◎　지주형, 「강남 개발과 강남적
도시성의 형성」, 『한국지역지리학회지』
제22권 제2호(2016), 321쪽.

지금까지 한국에서 주택 공급은 정확히 이 방식으로 반복된다. 1인당 국민소득과 국가예산이 수십 배로 늘어났음에도 불구하고 여전히 정부는 단지 내 모든 것을 입주자에게 부담시키는 전략을 고수하고 있다. 이런 식으로는 나날이 심해지는 도시의 사유화와 계급화를 벗어날 방법이 없다.

2022년 12월 1일은 마포주공아파트 Y자형 임대아파트 6개 동이 지어져 제1단계 준공으로 기록된 지 정확하게 60년이 된 날이다. 대한민국 주택 가운데 63.5퍼센트가 아파트라 하니 이날을 '아파트의 날'로 이름 붙여 기념일로 삼고 '과연 우리는 어디서, 어떻게 살 것인가?'를 논의하는 날로 삼아도 좋지 않을까 싶다.

2022년 여름 한복판을 통과하는
살구나무 아랫집에서

마포아파트 완전 준공 후
항공사진(촬영일자 불명).
출처 : 대한주택공사 홍보실

1

전사前史
: 프롤로그

공화당의 제7대 대통령 선거 광고

1971년 4월 11일 『조선일보』 1면 하단에는 민주공화당의 제7대
대통령 후보로 나선 박정희의 정치 구호가 담긴 광고가 실렸다.
3번째 출마하는 대통령 선거였다. "공화당과 함께 풍요한
결실과 행복한 생활을! 민주공화당 기호 1번 박정희." '풍요한
결실'은 '풍성한 나락을 보며 미소 짓는 농부의 환한 얼굴'로,
'행복한 생활'은 '마포아파트 단지 내 잔디밭에서 아이와 함께
→ 1 　즐겁게 시간을 보내는 부부의 모습'으로 직설했다.○
　　힘센 황소를 대통령 후보의 상징으로 내세우고 대통령을
황소같이 부려보자던 이전의 구호와는 사뭇 달랐다. 이는
1962년 12월 1일 김현철 내각수반이 마포아파트 1단계
준공식에서 대독한 박정희 대통령 권한대행의 준공식 치사를
새삼 떠오르게 한다.◎ 이 신문 광고는 "현대적 시설을 완전히

○　　제7대 대통령 선거 홍보 문구와
마포아파트 등의 관계에 대해서는,
박정현, 「콘크리트와 글로 빚은 20세기
한국 건축 ⑦ 1960년대 마포아파트
프로젝트」, 『경향신문』 2021년 12월
14일자 참조.

◎　　5·16 쿠데타로 집권한
군사정부는 국회를 해산하고
국가재건최고회의(의장: 박정희)를
출범시켰다. 이후
「국가재건비상조치법」에 따라 내각은
오늘날의 국무총리에 해당하는
내각수반과 각 원으로 운영되었으며,
내각수반은 국가재건최고회의가
임명하도록 했다. 1963년 대통령
중심제로 권력구조가 환원되면서
내각수반은 다시 국무총리로 바뀌었다.

1 민주공화당 제7대 대통령 후보
지면 광고. 출처:『조선일보』1971·4·11

갖춘 마포아파트의 준공은 생활 혁명을 가져오는 데 한 계기"가 될 것이며, "혁명 한국의 한 상징"이 될 것이라던 10년 전의 바람이 모두 이루어졌다는 자신감의 다른 표현이었다. 아울러 "군사 혁명을 생활의 혁명으로!" 전환하겠다는 염원이 완성에
이르게 되었다는 권력 집단의 안도감이었을 것이다.

→ ②

5·16 쿠데타 주도 세력은 1962년에 Y자 모양의 아파트 6개 동(棟)으로 1차 준공한 마포아파트 건설을 1962년 정부와 대한주택공사의 최대 성과로 자부했다. 이 자평에 따르면 "마포아파트단지는 정부의 제1차 경제개발5개년계획의 주택사업 중 일부로서 책정된 것인데, 그 목표는 국민의 재건의식을 고취하고 대내외에 건설상을 과시하며 토지이용률을 제고하는 견지에서 평면확장을 지양하고 고층화를 기도하였으며, 생활양식을 간소화하고 공동생활의 습성을 향상시키는 한편, 수도 미화에 공헌하여 근대문명의 혜택을 국민에게 제공함으로써 대북 선전전(宣傳戰)의 효과를 도모"○했다.

1961년 마포아파트 건립사업에 자문위원으로 참여해 직접 설계에 가담했던 건축가 강명구는 "이북에서도 한 일[아파트

○ 대한주택공사, 『대한주택공사20년사』(대한주택공사, 1979), 236쪽. 그러나 1992년 7월에 발행한 『대한주택공사30년사』 101쪽에서는 "마포아파트단지는 정부의 제1차 경제개발5개년계획의 주택사업 중 일부로서 추진된 것인데, 그 목표는 국민의 재건의욕을 고취하고 대내외에 건설상을 과시하며 토지이용률을 제고하는 견지에서 평면확장을 지양하고 고층화를 시도했으며, 생활양식을 간소화하고 공동생활의 습성을 향상시키는 한편, 수도 미화에 공헌함으로써 국민에게 현대문명의 혜택을 제공"하는 데 두었다고 하면서 '대북 선전전 효과'를 언급하지 않았다. 최초 마포아파트 구상 과정에서 10층짜리 주거동 11개를 먼저 제시했던 장동운 초대 총재도 마포아파트를 10층으로 궁리한 것은 오로지 '단지 규모'(가구당 가구원 수가 5명 정도여서 1,000세대, 5,000명 정도가 모여야 하나의 단지)가 되려면 10층은 되어야 할 듯해 10층 아파트 건설을 추진한 것일 뿐 일부에서 언급하는 평양아파트와의 높이 경쟁에 대해서는 전혀 아는 바가 없다고 했다. 또한 당시 평양의 아파트는 오히려 조립식아파트 기술이 뛰어난 소련의 영향을 받았을 것으로 추측하는 정도였다며 2005년 KBS 백승구 기자와의 인터뷰에서 밝힌 바 있다.

麻浦 아파트

現代的 施設을 完全히 갖춘 麻浦아파트의 竣工은 이
러한 生活革命을 가져오는데 한 契機 수 수 있다는
것이 커다란 意義라고 생각되는 것입
即·우리나라 舊來의 姑息的이고 封建的인 生活 樣式
에서 脫皮하여 現代的인 集團共同生活樣式을 取하므로
經濟的인 面으로나 時間的인 面으로 多大한 節約을
가져와 國民生活과 文化의 向上을 이룩할 기 工式配
心지 때문입니다.
62. 12. 1.
大統領閣下 麻浦아파트 竣工式辭解中에서—

2　마포주공아파트단지 1, 2단계
준공 후 항공사진. 출처 : 대한주택공사

3   『조선일보』(1971·4·11) 제7대
대통령 후보 지면 광고와 같은 장소에서
촬영한 사진(1969). ⓒ장용준

4   마포주공아파트에서의
생활 모습(1965·8·17 추정).
출처: 미국국립문서기록관리청

건설]을 우리가 건설을 못 하고 있어 답답하고, 또 부끄러워까지 하고 있던 형편"○이었다고 밝힌 바 있다. 5·16 쿠데타 세력이 헌정 중단과 동시에 발표한 「혁명공약」 제5항을 국민에게 직접 보여주고 경험할 수 있게 하는 '국가 프로젝트'였기에 마포아파트 건설은 대북 선전과 연결될 수밖에 없었다. 「혁명공약」 제5항은 "민족적 숙원인 국토통일(國土統一)을 위하여 공산주의와 대결할 수 있는 실력의 배양에 전력을 집중한다"는 것이었다.

←　③ ④

　　정권의 안도감 또는 자신감은 1962년부터 시작한 두 차례의 경제개발5개년계획이 상당한 성과를 가져왔기 때문이다. 군인들은 빵에 대한 대중의 요구를 민감하게 포착했고 『사상계』의 근대화론과 경합시켜 그것을 정치적 수사로 전유했다.◎ 그 출발선에 마포주공아파트가 있다. 1972년 시작된 제3차 경제개발5개년계획에서 '맨션산업'을 강력하게 밀어부칠 수 있었던 배경이기도 하다. 천정환과 정종현은 이 무렵 "개발독재의 강력한 억압과 경제성장의 성과가 상호 작용하며 부른 망탈리테(mentalité, 집단심성)의 변화로 사회 전반에 속물화와 물신주의가 팽배"해져갔다고 평가했다.◉ 이를 '마포아파트 체제'나 또는 '단지공화국에 갇힌 (우리의) 도시와 일상'이 주조하기 시작한 한국인의 내면이라고 해도 크게 틀리지 않을 것이다.●

27

○　강명구, 「공동주택 건설의 문제점」, 『주택』 제9호(1962년 8월), 49쪽.

◎　천정환, 정종현, 『대한민국 독서사』(서해문집, 2018), 94쪽.

◉　같은 책, 147쪽.

●　'마포아파트 체제'란 박정현, 「콘크리트와 글로 빚은 20세기 한국 건축」에서 언급한 '정권의 명운, 개인의 인생, 정치경제적 이해관계, 입시와 교육체제 등 모든 것이 아파트단지를 중심으로 회전'한다는 뜻으로, 세계 어디에서도 찾아보기 힘든 한국만의 독특한 사회운영 체제를 의미한다. 담장을 두르고 그 안에 일상을 지원하는 모든 시설과 공간을 확보하는 것을 당연시하는 '단지 중심적 사고'에 대해서는, 박인석, 『아파트 한국사회』(현암사, 2013) 참조.

5   마포주공아파트 1단계 준공 직후
항공사진(1963). 출처 : 국가기록원

6   박정희 국가재건최고회의
의장의 새나라자동차 공장 시찰.
출처 : 국가기록원

쿠데타 세력의 국가 프로젝트 만들기

← 5 5·16 쿠데타를 통해 권력을 장악한 군부가 밀어붙인 대표적
국가 프로젝트가 마포주공아파트다. "군부는 자신들이 무능하고
부패한 기성 정치인과 다르다는 것을 입증해야 했다. 스스로
혁명이라 부른 쿠데타를 정당화하기 위해서, 또 2년 뒤 약속한
정권 이양을 번복하고 계속 권력을 유지하기 위해서, 가시적인
성과를 제시할 필요가 절실했다. (…) 1961년 5월 20일부터
1963년 12월 17일까지 2년 6개월가량의 국가재건최고회의
시절, 군부가 완성한 프로젝트는 국립원호원, 새나라자동차
← 6 공장, 워커힐 호텔 등이 있다. 그러나 이 모두는 일반 시민의 눈
바깥에 있는 것들이었다."○ 이런 맥락에서 공장이나 호텔과
달리 시민들의 일상과 직접 관계하는 주거 프로젝트였던
마포주공아파트 1단계 준공은 대내외적으로 매우 중요한
행사였다. 국가 프로젝트의 1차 준공식은 1962년 12월 1일 오전
11시, 도화동 현장에서 있었다.

주한미국경제협조처(USOM-K, United States Operating
Mission to Korea)의 제임스 킬렌(James S. Killen)
대표는 당연히 공식 초청 대상 1순위였다. 한국산업은행의
→ 7
8 대충자금(對充資金)◎ 확보와 미국국제개발처(AID, Agency of
International Development) 차관 배정, 경제조정관실(OEC,
Office of the Economic Coordinator)의 주택건설 프로그램
재정 지원, 주택개발기금(HHDF, Housing and Home
Development Fund) 대출 등 주택 공급을 위한 의사 결정에

29

○　박정현, 앞의 글. 실제로, 장동운
대한주택공사 초대 총재는 쿠데타 이후
자신이 대한주택영단 이사장을 맡은
이유에 대해 '대한주택영단 이사장은
정치적 파워 측면에서는 약하지만, 당시
혁명정부가 내건 '국가 재건'이라는
측면에서 볼 때는 아주 중요한

자리'였기 때문이라고도 했다. 「위대한
세대의 증언: 주거혁명의 기수 장동운」,
『월간조선 뉴스룸』 2006년 7월호.

◎　제2차 세계대전 이후 미국의 물적
원조를 받은 국가가 원조물자를 자국
시장에 내다 팔아 확보하는 자금.

Housing
NADZO
NAN

Korea Housing Corporation

45, SOKONG-DONG, CHUNG-KU,
SEOUL, KOREA
TEL. 2-5447, 2-8203, 2-8021

November 20, 1962

Mr. J. S. Killen
Director
United States Operations Mission
in Korea.

Dear Mr. Killen:

On the completion of Mapo Apartment Housing Project which is one of the largest and modernized housing area in Korea, you are kindly requested to give the congratulatory address in the ceremony.

The ceremoney will be held at Mapo Housing Site at 11.00 a. m. on December 1, 1962.

The project scales are as follows:

      6 buildings (6 story & 450 units)

      Total building area are 6,120 Pyong (220,320 sqf.)

Sincerely yours,

Chang Dong Woon
Chang Dong Woon
Governor

006154

memo attached

7   USOM 대표에게 보낸
장동운 총재의 마포주공아파트
1단계 준공식 초청장(1962·11·20).
출처 : 미국국립문서기록관리청

OPTIONAL FORM NO. 10

UNITED STATES GOVERNMENT

Memorandum

TO : Mr. James S. Killen, DIR   DATE: November 27, 1962

THRU : Mr. Frank M. Landers, Chief, PSD

FROM : Guido Nadzo, PSD-A

SUBJECT: Inaugural Ceremony; Mapo Apartment Housing Project.

       The subject project has no AID (or ICA) funds or participation and no connection with the AID/USOM ROK program. It has been quite a controversial project and received widespread criticism centered on its incompetent technical and financial planning. It is a carry-over from the Ministry of Health and Social Affairs housing activities, before ROKG responsibility for housing was transferred to the Ministry of Construction.

       I recommend that you do not attend, but delegate a USOM representative to attend, as a courtesy to the Ministry of Construction and the new Korea Housing Corporation.

Mr Killen

Suggest Nadzo go as USOM representative L.

OK
JSK

8 　킬렌 대표의 마포주공아파트
1단계 준공식 참석 여부
검토 보고서(1962·12·27).
출처 : 미국국립문서기록관리청

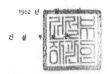

MINISTRY OF CONSTRUCTION
Republic of Korea
Seoul, Korea

Sept. 21, 1962

LETTER OF COMMISSION

Mr. Guido Nadzo
Senior Housing Advisor
USOM to Korea
Seoul, Korea

I take the pleasure in appointing you
a member of the Housing Advisory Committee.

Bak Lim Hang
Lt. General
Minister

위 촉 장

유솜 수석 주택고문관

귀도 . 나죠 (Guido Nadzo)

주 택 자 문 위 원 회 위 원 을 위 촉 함

1962 년 월 일

건 설 부 장 관

006057

9 USOM 수석 주택고문관 귀도
낫조의 건설부 주택자문위원회
위원 위촉장(1962·9·25).
출처 : 미국국립문서기록관리청

32

10 대한주택공사 창립식에 나란히
자리한 장동운 총재와 귀도 낫조 USOM
주택국장. 출처 : 국가기록원

상당한 발언권을 가진 핵심 인물이었다. 장동운 총재의 친필 서명이 담긴 준공식 초청장이 USOM에 정중하게 전달되었다. USOM에 접수된 이 문건을 담당한 인물은 이탈리아계 미국인으로 USOM의 주택국장이었던 귀도 낫조(Guido Nadzo)였다.○

← ⑨

　　그는 USOM 대표가 준공식 행사에 참석하는 것에 부정적이었다. 마포아파트 프로젝트는 미국국제협력처(AID 또는 전신인 ICA, International Coordination Agency)의 다양한 프로그램에 의한 자금과는 아무런 관련이 없는데다, 자금 확보와 기술적 측면에서 광범위한 비판을 받고 있다는 점에서 적절치 않다는 것이었다.◎ 한국 정부의 건설부와 보건사회부가 독자적으로 꾸린 사업이므로 대표가 아닌 다른 사람을 참석시키는 것이 좋겠다고 권고했다. 이 의견은 USOM의 프랭크 랜더스(Frank M. Landers) 공공부문장을

○　　귀도 낫조는 마포아파트 준공식 초청장 검토 이전인 1962년 9월 21일 박임항 건설부장관으로부터 건설부 주택자문위원회(Housing Advisory Committee) 위원으로 위촉되었는데 이때 USOM의 직함은 수석주택고문관(Senior Housing Advisor)이었다. 그가 한국의 주택정책과 주택공급에 대해 막강한 영향력을 행사한 것을 다양한 기록을 통해 확인할 수 있는데, 1963년 2월에는 대한주택공사 제2대 박기석 총재 명의로 "한국의 주택문제 해결을 위한 기본적 사항"에 대해 『주택』 제10호에 담길 원고를 청탁하기도 했다. 극히 예외적인 일이었다. 한편 박기석은 육사 5기로 대한주택공사 총재와 건설부장관 등을 지냈다. 마포아파트 2단계 최종 준공(1964·11·20, 분양 192호) 당시 주택공사 총재였으며, 공직에서 물러난 뒤 마포주공아파트가 마포삼성아파트로 재건축할 당시

삼성건설 최고경영자였다.

◎　　검토의견서에서 '재정과 기술적 측면에서 광범위한 비판을 받는 마포아파트'라고 언급한 것은 한국 정부의 마포아파트 프로젝트 추진에 대한 미국의 기본적 입장이 부정적이었음을 의미한다. 마포아파트 추진 과정에서 장동운 총재가 자신을 찾아와 막무가내로 자금을 내놓으라 했던 사실과 더불어 1961년 11월 15일 대한주택영단과 USOM의 마포아파트 Y자형 아파트 6개 동에 대한 설계협의회 개최 이후 USOM은 마포아파트에 대한 설계 문제를 중심으로 한 의견서를 1961년 11월 22일 작성했는데, 기술적 측면에서 본다면 처음부터 끝까지 전부 잘못됐다는 의견을 낸 적이 있었기 때문이다. USOM의 마포아파트 설계검토 의견에 대해서는 따로 다룬다.

11   김현철 내각수반과 군부
인사들이 마포아파트 1단계 준공식에
참여해 테이프를 자르는 모습.
출처 : 국가기록원

34

12   마포아파트 1단계 준공식장으로
향하며 Y자 모양의 8동 앞을 지나는
김현철 내각수반과 참석자들.
출처 : 미국국립문서기록관리청

거쳐 킬렌 대표에게 전달되었고, 결국 초청장 검토를 맡았던
귀도 낫조가 USOM을 대표해 준공식에 참석했다.

많은 것들의 시작점, 마포주공아파트 1차 준공식

정치적 수사나 홍보에 비해 행사는 소박하게 진행되었다.
만약 USOM의 킬렌 대표가 초청을 받아들여 준공식에
참석했더라면 상황이 달라졌을까? 그랬을 공산이 크다. 한국
경제 전반에 상당한 발언권을 지닌 미국 대표가 참석했다면,
박정희 국가재건최고회의 의장이자 대통령 권한대행 역시
참석했을 것이 분명하다. 그러나 상황은 한국의 기대와 달랐고,

박정희의 치사(致辭)를 김현철 내각수반이 대독하는 것으로
마무리되었다.

> 오늘 이처럼 웅장하고 모든 최신 시설을 갖춘 마포아파트의
> 준공식에 임하여 본인은 수도 서울의 발전과 이 나라
> 건축업계의 전도를 충심으로 경하하여 마지않습니다.
> 도시(都是, 본래) 5·16 혁명은 우리 한국 국민도 선진국의
> 국민처럼 잘살아보겠다는 데 그 궁극적인 목적이 있었던
> 것입니다. 그러므로 하루라도 속히 빈곤으로부터
> 벗어나서 잘 입고 잘 먹고 좋은 집에서 잘 살기 위해
> 경제개발5개년계획을 수립하였고 현재 성공리에 진행 중에
> 있는 것입니다.
> 그러나 정부의 이러한 시책도 국민의 협조 없이는 도저히
> 소기의 성과를 거둘 수 없는 것이며 이제까지 우리나라
> 의식주 생활은 너무나도 비경제적이고 비합리적인 면이
> 많았음은 세인이 주지하는 바입니다. 여기에 생활 혁명이

절실히 요청되는 소이(所以)가 있으며 현대적 시설을 완전히
갖춘 마포아파트의 준공은 이러한 생활 혁명을 가져오는 데
한 계기가 될 수 있다는 것이 커다란 의의라고 생각되는
것입니다.

즉 우리나라 구래(舊來)의 고식적이고 봉건적인 생활양식에서
탈피하여 현대적인 집단공동생활양식을 취함으로써 경제적인
면으로나 시간적인 면으로 대단한 절감을 가져와 국민생활과
문화의 향상을 이룩할 것을 믿어 의심치 않기 때문입니다.

더욱이 인구의 과도한 도시 집중화는 주택난과 더불어 택지
가격의 앙등을 초래하는 것이 오늘의 필연적인 추세인 만큼
이의 해결을 위해선 앞으로 공간을 이용하는 이러한 고층
아파트 주택의 건립이 절대적으로 요청되는 바입니다.

이러한 시대적 요청에 각광을 받고 건립된 본 아파트가 장차
입주자들의 낙원을 이룸으로써 혁명 한국의 한 상징이 되기를
빌어 마지않으며 끝으로 이 사업을 성공적으로 완수시킨
대한주택공사 총재 이하 전 임직원과 기술자 여러분의 노고를
높이 치하하는 동시에 이 자리에 입주할 문화시민 여러분의
행복을 길이 빌어 마지않습니다. 감사합니다.○

○   대한주택공사, 『대한주택공사
20년사』(대한주택공사, 1979),
237~238쪽. 장동운의 2005년 KBS
인터뷰에 따르면, 마포아파트 건설
과정에서 박정희 의장은 만난 적도
없고 따로 보고한 적도 없다고 밝혔다.
이후 한강외인아파트 시공 중에
청와대에서 불러 갔더니 부른 까닭을
설명한 뒤 '좋은 일 했다'고 자신을
칭찬한 적은 있지만 마포아파트나
한강맨션아파트 건설 과정에서는
특기할 만한 만남이 없었다고 말했다.
박정희 대통령은 한강외인아파트
준공식에 처음으로 참석했고, 자신과
함께 한강맨션아파트를 둘러보았다고
회고했다. 대통령의 한강맨션아파트
시찰은 엘살바도르 산체스 대통령의
방한이 중요한 동기가 되었다고 알려져
있는데, 그가 김포공항에서 헬기를
이용해 이동하는 과정에서 서울 시내를
내려다보며 한강맨션아파트에 관심을
보였기 때문이라고 한다.

단층 한옥을 배경으로 솟아오른 마포아파트 1단계 준공은 본격적인 경제성장을 알리는 상징과 같았다. 1960년대 초중반 군사정권은 양적 성장에 초점이 맞춘 개발계획을 밀어부쳤고, 지표상으로 뚜렷한 성과가 나타났다. 제1차 경제개발5개년계획이 시작하고 이듬해인 1963년 경제성장률이 9.2퍼센트로 뛰어올랐고, 1972년까지 10년 동안 연평균 경제성장률은 10.2퍼센트를 기록했다.

1인당 국민소득은 1962년 91달러에서 1971년에 292달러로 상승했다. 2년마다 50만 명에 달하는 상주인구가 늘어나면서 서울 곳곳에 수많은 무허가주택이 들어섰으며, 1963년 강남과 북동부 지역을 흡수하면서 서울의 행정구역 면적은 이전에 비해 2.3배 커졌다.◎ 서울의 인구는 300만 명을 넘어섰고, 도시계획구역도 이에 비례해 넓어졌다. 1963년 10월 15일에는 민주공화당 박정희 후보가 직접선거에 의해 대한민국 제5대 대통령으로 선출되었다.

제1차 경제개발5개년계획 기간인 1962~1966년 사이 주택투자는 국민총생산의 1.7퍼센트에 불과했고(선진국의 경우는 6~8퍼센트), 전체 투자 중 공공 부문이 차지하는 비중도 8.8퍼센트에 지나지 않았다.● 토건국가로 불릴 만큼 건설산업 비중이 커진 것은 나중의 일이다. 1962년의 산업별 투자계획만 보더라도, 계획 기간 중 2차 산업으로 분류된 건설업은 정부(공공)와 민간의 투자 비중이 각각 36.6퍼센트와 63.4퍼센트였고, 3차 산업으로 분류된 주택 부문에서는 정부와 민간이 각각 16.9퍼센트와 83.1퍼센트를 차지했다.● 경제개발

◎　김선웅, 「서울시 행정구역의 변천과 도시공간구조의 발전」, 서울정책아카이브(https://seoul solution.kr/ko/content/3182) 참조.

●　공동주택연구회, 『한국공동주택계획의 역사』(세진사, 1999), 37쪽.

●　심의혁, 「제1차 경제개발 5개년계획에 있어서의 주택사업」, 『주택』 제9호(1962년 8월), 26~30쪽 참조.

13 　마포아파트 완전 준공 이후인 1965년 3월 12일, 초청된 재야 인사들이 마포주공아파트를 시찰하는 모습. 출처: 국가기록원

14 　대한주택영단 이사장 취임 직후 소공동 영단 본사를 방문한 대통령을 맞이하는 장동운 이사장. ⓒ장동운

정책 초기부터 주택 공급은 정부의 1차적인 목표가 아니었음이 분명하게 드러난다. 민간 중심으로 건설산업을 육성해 주택을 공급한다는 것이 정책의 기본 방향이었다. 공공주택 보급은 처음부터 고려 사항이 아니었고, 융자를 지원해 민간 주도로 주택을 공급하고자 했다. 이는 국민이 스스로 알아서 자기 집을 마련하라는 신호였기에 이후 투기 자본이 쉽게 유입되도록 길을 열어주게 된다.

1962년 1차 준공식에 참여한 이들 중 한국 사회가 아파트단지를 중심으로 재편되리라고 상상한 이는 아마 없었을 것이다. 이들의 상상을 훌쩍 뛰어넘어 아파트단지는 도시 재개발 방식, 주택 공급 정책, 공동주택의 유형, 생활 습속 등 지금의 한국 사회의 모습을 만들어나간다. 그 시작점에 마포아파트가 있다.

2

근대 산업시설의
태동지: 도화동
연와공장

대한주택영단의 마포주공아파트 부지

쿠데타 직후 1961년 5월 28일 대한주택영단○의 나익진◎
이사장이 퇴임하고 장동운 중령이 취임했다. 장동운은
1927년 황해도 재령 출신으로 5·16 군사쿠데타를 주도한
육군사관학교 8기생이다. 쿠데타 당시 박정희의 2군 사령부
직할 공병대대장이었다. 현역 중령 신분으로 대한주택영단

○　일제강점기인 1941년 7월 1일에
조선총독부가 설립한 조선주택영단은
1945년에 미군정 발족과 동시에
군정청 학무국 사회과에 편입되었다가
1945년 10월에 신설된 보건후생부
주택국으로 이관됐다. 그 후 주택국이
폐지되는 1946년 6월에는 지방관청인
경기도 적산관리처로 이관되었다가
1948년 정부 수립과 함께 중앙관재처
소속 대한주택영단으로 재편되었다.
1953년 한국전쟁 휴전 직후에는
사회부 관할 조직이었다가 1955년
2월 16일 사회부와 보건부가 통합하여
보건사회부로 새롭게 출범함에 따라
보건사회부 관할로 옮겨졌고, 1961년
10월 2일 국가재건최고회의의 새로운
「정부조직법」 공포에 따라 1961년 11월
13일자로 국토건설청 관할 기관으로
편성되었다.

◎　나익진 이사장은 1960년 11월
14일 전임 김윤기 이사장의 뒤를 이어
대한주택영단 이사장에 임명됐다.
그는 1941년 3월 연희전문학교 상과를
졸업한 뒤 같은 해 4월 조선식산은행
행원으로 경력을 시작했다. 해방 이후
미군정청 이재국 은행검사원 등을
거친 뒤 1960년에 체신부 차관, 상공부
차관, 귀속재산소청위원회 위원 등을
두루 역임했다. 5·16 쿠데타로 6개월
만에 대한주택영단 이사장직에서
물러났다. 공식 문헌에 따르면 나익진
이사장이 해면된 것은 1961년 6월
25일이다. 대한주택영단, 「국사인비
제516호: 대한주택영단 이사장
임면발령안」(1960·11), 국가기록원
소장 자료 참조.

41

이사장에 부임했고, 영단이 대한주택공사로 바뀌며 1962년 대한주택공사 초대 총재가 되었다. 한국전쟁이 막바지에 이르던 1953년에 미군공병학교에서 고등군사교육을 받느라 미국에 머물던 중 텔레비전을 통해 방영된 마셜 플랜(Marshall Plan)에 의한 유럽의 전후 복구사업을 보며 고밀도 아파트에 관심을 가지게 됐다고 전해진다. 1963년 민정(民政) 이양 문제로 민주공화당 창당이 논의되면서 주택공사를 떠났다. 1966년 애국선열동상건립위원회 위원장을 맡아 광화문의 이순신 장군상 등 많은 동상 건립을 주도했고, 주택공사 제4대 총재로 다시 돌아와 1970년 대한민국 중산층 아파트의 원조로 불리는 한강맨션아파트를 건설한 후 원호처장으로 자리를 옮겼다. 간단히 말해 군사쿠데타 성공의 주역을 자처하며 여러 관료직을 도맡은 3공화국의 대표적인 군인 출신 테크노크라트 중 한 명이다.

장동운은 쿠데타 직후부터 고층 및 단지식 아파트 건립을 추진하겠다는 계획을 가지고 있었던 것으로 보인다. 이 계획이 성공할 수 있는지를 판가름하는 첫 번째 관건은 건립 부지 확보였다. 민정 이양을 약속한 1963년 여름까지 가시적인 성과를 내기 위해서는 하루라도 빨리 사업을 시작해야 했다. 그러나 서울 시내에서 아파트 단지를 건립할 수 있는 땅을 확보하는 일은 그리 간단한 과제가 아니었다. 강남 개발은 고사하고 토지구획정리사업으로 택지를 대량으로 확보하기도 전이었기 때문이다. 홍보 효과를 위해서 사업 부지는 서울 안에 있어야만 했다. 이때 묘안으로 부상한 장소가 마포형무소 채소밭이다. 장동운은 부지 확보에 대해 다음과 같이 회고한다.

(대한주택영단 이사장) 부임 직후 제 보좌관이던 김희동○ 대령이 '마포에 있던 마포형무소 채소밭이 매물로

나왔다'고 했어요. 5·16 직후 마포형무소가 안양으로
옮겨졌는데 형무소 부속 채소밭 부지가 나온 거였어요.
법무부가 그 땅을 소유하고 있었는데 서울시가 공원을 지으려
한다는 얘기를 들었어요. 곧바로 법무장관이었던 고원증
씨에게 연락했지요. 고 장관이 '윤태일◎ 서울시장도 욕심을
내고 있으니, 나는 모르겠다. 두 사람이 알아서 하라'고 해요.
고 장관과 윤 시장에게 마포 현장에서 만나자고 했어요.
형무소 채소밭에 갔더니 거름으로 인분을 온통 뿌려 놓아
냄새가 지독했어요. 채소밭 현장에 나온 윤 시장에게 '내가
대한민국 최고의 아파트(시범아파트)●를 지어볼 테니
당신이 양보하시오'라고 했어요. 인분 냄새가 지독해서인지
윤 시장이 '정말 아파트를 지을 수 있겠느냐. 이왕 시작하는 거

○　　김희동은 현역 대령이자 장동운
대한주택영단 이사장의 보좌관으로
『주택』제9호(1961년 12월)에
「획기적인 주택사업을 위한 제언」이란
글을 발표했다. 쿠데타 이후 발표한
이 글에서 그는 혁명공약 제4항의
완수를 위해 주택의 대량 건설과 현대적
도시계획의 합리화를 통해 후진성을
극복해야 한다고 역설했다.

◎　　윤태일 서울시장(재임
기간 1961·5·20~1963·12·16)은
1964년 1월 8일 육군 중장
예편 후 박기석 제2대 총재의 뒤를
이어 1964년 1월 11일 대한주택공사
제3대 총재에 취임해 마포아파트
2단계 공사(一자형 분양아파트 4개 동
192세대)의 착공(1964·4·12)부터
준공(1964·11·20)에 이르는 전 과정을
관할했다. 또한 Y자형 임대아파트
6개 동(450세대)의 분양 전환 과정도
관장했다. 그는 1968년 7월 1일 홍사천
이사와 함께 퇴임했는데 그 뒤를 이어
장동운이 다시 대한주택공사 제4대
총재로 취임해 힐탑외인아파트와
한강맨션아파트 건설 과정을 주관해
준공했다. 윤태일의 재임 기간은
4년 6개월로, 대한주택공사 총재를
두 번이나 역임한 장동운의 전체
임기인 4년 여에 비해 6개월 정도
길다. 1918년생인 윤태일은 만주
신경군관학교 출신으로 박정희의
한 기수 선배다. 1961년 박정희,
장도영, 김종필 등과 함께 5·16
군사쿠데타에 가담했다. 현역 군인
신분으로 서울특별시장에 임명된 뒤
군복 차림으로 출근했던 까닭에
'군복 시장'으로 불리기도 했다.
한편, 고원증 법무부장관(재임 기간
1961·5·20~1962·1·8)은 1959년에
육군 준장으로 승진한 뒤 1962년에
문화방송 사장을 거쳐 1963년에
준장으로 예편했다.

●　　시범아파트와 시범주택에
대해서는, 박철수, 『한국주택 유전자 2』
(마티, 2021), 8장과 9장 참조.

1 「대지 실태 조사에 관한 건」
(1961·8·1). 출처: 대한주택영단

잘해보라'며 선선히 양보를 하더군요.○

　　이 회고에 등장하는 인물 셋은 모두 5·16 쿠데타의
적극적인 가담자였다. 쿠데타 나흘 뒤인 1961년 5월 20일에
고원증과 윤태일은 법무부장관과 서울시장에 나란히 임명됐다.
장동운이 대한주택영단 이사장으로 임명된 날짜는 1961년 5월
28일이다. 그러니 마포 현장에서 육군 현역 장교 셋(장동운
중령, 고원증 준장, 윤태일 소장)이 한자리에 모인 때는
6월 초 언저리일 것이다.◎ 일은 상당히 빨리 진행되었다.
장동운은 곧장 대한주택영단의 엄덕문 건설이사에게 10층짜리
마포아파트 설계를 지시한다.

　　대한주택영단이 이사장의 지시에 따라 마포구 도화동
6번지, 7번지의 1호와 2호 등 여섯 필지 총 1만 8,753평과 지상
건축물 등을 대상으로 최초의 실태 조사를 마친 것은 1961년
8월 1일이었다.● 마포형무소 부지 지상에는 형무소 관사 5동과
종업원 숙사(宿舍) 3동, 연마공장과 목공소, 집단주택과 공동
변소 및 판자촌 등이 드문드문 들어서 있었다. 인분이 뿌려진

← 1

○　　백승구, 「위대한 세대의 증언:
주거혁명의 기수 장동운」, 『월간조선
뉴스룸』 2006년 7월호; 장동운,
「마포아파트 건설은 우리 주거생활의
혁명」, 『대한주택공사30년사』
(대한주택공사, 1992), 115쪽.

◎　　대한주택영단, 「공사(工事)
사무소 신설」, 대한주택영단 내부
문건 (1961·10·17). 이 문건에 따르면,
마포아파트 현장에 공사사무소가
설치된 것은 Y자형 임대아파트
공사가 시작된 1961년 10월 16일이다.
마포주공아파트는 순회감독제를
상주감독제로 전환한 첫 번째
현장이기도 하다. 대한주택공사,
『대한주택공사20년사』, 361쪽.

●　　대한주택영단, 「대지 실태
조사에 관한 건」, 대한주택영단
내부 문건(1961·8·1). 이 문건은
형무소 부지 등에 대한 실태 조사를
맡았던 대한주택영단의 업무부장이
건설부장에게 '마포형무소 대지 실태
조사서'를 첨부한 것으로 아파트 신축에
장애가 되는 목록을 정리했다. 그 내용을
살펴보면 붉은 벽돌로 지어진 형무소
관사 5동, 목조에 기와를 얹은 종업원
관사 3동, 민간 기와집 4동, 집단주택
4동, 무허가 판잣집 33동과 제재소,
연탄공장, 목공소와 공동 변소 등이
각 1동씩 있어서 부지 전체에 걸쳐 건물
54동(2,040평)이 있었다.

채소밭이란 곧 이들 허름한 주택지의 주민들이 생계를 잇는
수단으로 꾸린 것이었다. 형무소 관사나 종업원 숙사 등은
아직 달리 거처를 구하지 못한 하급 교도관이나 간수 등 법무부
직원이나 용원 들이 거주하는 법무부 소유의 국유재산이었다.
그런 이유에서 후일 이곳 관사 거주자들이 마포아파트 건설을
위한 퇴거 명령에 응하지 않으면서 명도(明渡)를 거절하기도
한다.

도화동 연와공장

마포형무소 노역장이었던 채소밭은 원래 벽돌공장이 있던
자리였다. 일제강점기에는 '경성감옥 마포연와공장'으로
불렸다. 1918년 5월 발간된 전화번호부에 수록된 경성우편국
전화가입자 명부에 따르면, '경성부 도화동 7'에 주소지를
두고 전화번호 66번을 사용하던 곳이었다.○ 흔히 '도화동
연와공장'으로 불린 벽돌공장의 시초는 '대한제국 탁지부
건축소 공업부 연와제조소'(大韓帝國度支部建築所工業部
煉瓦製造所)였다.◎ 대한제국의 재정 출납 사무를 총괄했던
탁지부가 1906년에 벽돌 제조공장 건설을 계획하고, 고쿠라
조스케(小倉常祐) 등 일본의 기술자를 초빙해 1907년에
호프만식 가마 2기를 갖추면서 완성한 대한제국의 근대
산업시설이었다.◉

→ 2
3

○　『대정 7년(1918년) 4월 1일 현행
전화번호부』, 대정 7년(1918년) 5월 3일
발행, 75쪽.

◎　「대한제국관보」 탁지부령
제7호, 1907·3·7. 이곳에서 생산한
벽돌은 지금의 서울 공평동에 있었던
평리원(平理院) 및 한성재판소,
1908년 5월에 준공한 대한의원

본관(현 서울대학교 병원), 1923년과
1932년의 서대문형무소 증개축 등에
사용했다.

◉　호프만식 가마는 1854년
독일의 폴만이 고안한 윤형실(輪形室)
가마를 응용해 1858년 독일의 화학자
프리드리히 호프만이 개량한 것으로
바깥의 연소실을 없애고 천장에

46

◈錬瓦視察 度支部大臣閔泳綺氏
와該部協辦柳正秀氏와各局長이麻
浦錬瓦石製造를視察次로昨二十上午
十時에出往하얏다더라

●錬瓦技手雇聘 既報와如히
度支部에서二拾餘萬元을支出
하야麻浦에一大錬瓦製造所를
建設하는디工塲建設地와其他
附屬地를買收하고工事를早速
着手하고日本人小倉和井田兩
人을招聘하야方在着任中이라
더라

●錬瓦設社 近日度支部에셔
西江等地의錬瓦會社를官立으
로設立하고民有地段을買收하
는디地段價一坪의四十錢式出
給하라고發訓하얏더라

昔國麻 度支煉瓦製造所 キマス式ノ窰

2　대한제국 시기 도화동
벽돌공장 설립 관련 기사.
왼쪽부터 『대한매일신보』 1906년
12월 18일자 및 1906년 12월 21일자,
『황성신문』 1907년 5월 11일자).
출처: 국사편찬위원회

3　도화동 벽돌공장 호프만
가마 전경.

桃花洞 煉瓦工場

【著解正】

洞花桃　烈光泰

（地界報要）

◇서울하고 양주땅과의 접경되는 곳에 맛닿아 잇는…

◇도화동(桃花洞)에는 크다란 벽돌굽는 공장이…

◇이 도화동에는 크다란 공장이 잇는데…

◇무엇으로 만드는고 하니…

4 도화동에 사는 독자 진광열이 소개한 「내 동리 명물 - 도화동 연와공장」. 출처: 『동아일보』 1924·8·8

새롭게 들어선 벽돌공장은 곧 동리의 명물이 됐다. 일제의
문화통치 이후 『동아일보』가 독자들로부터 100곳에 달하는
동(洞)이나 정(町)의 명물을 소개하는 글을 받아 선별한 뒤
사진을 더해 연재한 「내 동리 명물」에 소개됐음은 물론이다.
1924년 8월 8일에 게재됐다.

← 4

◇ 서울 안에 양제집(서양식 집)이 경성드뭇한(듬성듬성한)
오늘날 벽돌 만드는 공장이 없어 될 수가 있습니까. 그래서
새문 밖 도화동에 연와공장이 생겼습니다.
◇ 도화(桃花)에는 흰 꽃 피는 벽도(碧桃)도 있건마는 보통
도화라면 붉은빛을 생각하고 벽돌에도 여러 가지 빛이 있건마는
보통 벽돌이라 하면 붉은빛으로 여깁니다. 벽돌 만드는 공장이
도화동에 앉은 것은 빛으로 어울린다고 할 수 있을 듯합니다.
◇ 이 도화동 연와공장에서 노동하는 직공들은 다른 공장
직공과 다릅니다. 붉은 옷 입은 직공들입니다. 붉은 옷 입은
직공들이 붉은 벽돌 만드는 것도 역시 빛으로 어울린다고 할 수
있습니다.
◇ 이 붉은 옷 입은 직공은 두 사람이 한데 쇠사슬로 매여
다니는 사람입니다. 물론 일할 때는 쇠사슬이 풀립니다. 그러나
총을 든 사람이 망대(望臺) 위에 서고 칼을 찬 사람이 뒤를
따라다닙니다. 따라지신세의 직공들입니다. 이 직공 중에는
붉은 염통의 끓는 피를 눈물 삼아 뿌릴 뜻있는 사람이 더러
있을 것입니다. 이것은 빛으로 어울린다 하기가 차마 어려워
그만두겠습니다.○

49

투탄구를 두었으며 칸막이벽을
제거하는 대신 가마 위에서 철판으로
칸막이를 조절할 수 있도록 구조를
개조한 것인데, 소성 기술의 일대
혁신을 일으킨 가마로 평가된다.
한정헌, 『도자가마의 유형과
구조 연구』, 단국대학교 대학원
조형예술학과 도자조형디자인전공
박사학위논문(2013), 97쪽.

────────────

○ 「내 동리 명물 - 도화동
연와공장」, 『동아일보』1924년 8월
8일자. 괄호 안의 내용은 지은이가
보탠 것임.

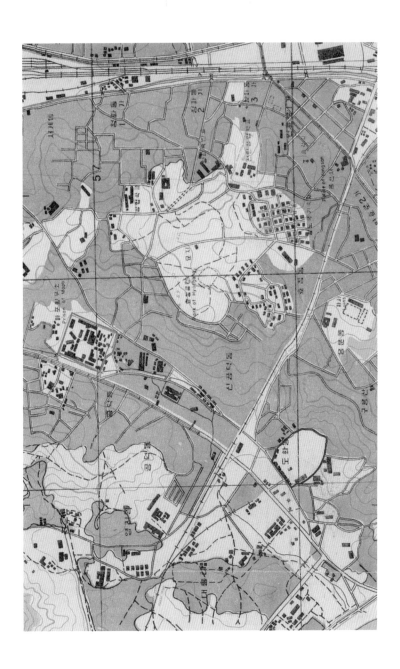

5 경성감옥
(마포형무소)과 도화동
노역장의 위치가 잘
드러난 지도 (1957).
출처 : 서울역사박물관

벽돌공장은 형무소 노역장으로 운영되고 있었다. 간수들의 감독을 받으며 벽돌을 생산하고, 망루 위에 선 총 든 경비병들에게 일거수일투족을 감시당하는 붉은 옷차림의 기결수 중에는 '붉은 염통의 끓는 피를 눈물 삼아 뿌릴 뜻있는 사람'도 있을 것이라고 기사는 안타까워한다. 독립운동에 투신하다 일제에 붙잡힌 열사나 의사, 지사의 뜻을 품은 이들이 억울하게 섞여 있을 터이니 빛깔 타령이 다 무슨 소용이냐는 식민지 백성의 자조와 한탄이 묻어 있다.

도화동 벽돌공장이 가동을 시작한 것은 1907년이었다. 다음 해인 1908년 서대문에 '경성감옥'이 조성됐는데, 일제의 조선 강탈 이후 그 시설도 얼마 지나지 않아 포화상태에 이르자 조선총독부는 1912년에 마포구 공덕리 105번지에 새로운 '경성감옥'○을 만들고 가까운 곳에 있던 도화동 벽돌공장을 공덕리 경성감옥의 노역장으로 삼았다. 1913년 조선총독부의 발표에 따르면 수인(囚人) 338명이 벽돌 제작에 투입되고 있었다.◎

각종 교정시설은 법무부 관할이다. 일제강점기 형무소 노역장은 해방 이후 미군정청 사법부를 거쳐 대한민국 법무부로 이양됐다. 마포주공아파트가 들어서게 될 넓은 부지와 시설 일체는 해방 후 적산(敵産)으로 분류되었다가 대한민국 정부 수립 이후 법무부 관할 자산이 됐다. 1957년까지 벽돌 공장이 운영되었으나 생산을 중단한 뒤에는 거의 버려진 채소밭이

○   1912년 9월 3일 조선총독부는 부령 제11호를 발령하여 공덕리 경성감옥을 새롭게 설치하고 기존의 경성감옥을 서대문감옥으로 개칭했다. 한편 조선총독부는 1923년 5월 5일부터 '감옥'으로 부르던 시설을 모두 '형무소'로 개칭했다(「조선총독부 감옥급분감명칭병위치중개정」[朝鮮 總督府監獄及分監名稱竝位置中改正] 『조선총독부 관보』[1923·5·5]).

이에 따라 공덕리 경성감옥은 공덕리 경성형무소로 이름을 바꾸었고, 해방 직후인 1946년에는 마포형무소로, 다시 1947년 3월 31일에는 경성형무소 마포지소로 분리했다가 1961년에 마포교도소로 개칭했으며 1963년에 안양교도소로 통합, 이전했다.

◎   『매일신보』 1913년 8월 23일자.

마포 아파―트 대지 확보 예정 면적

1. 불하추진면적

       도확동 6 번지   1.015 평 (국유재산)

       ″ 7 ″ 의 1 내   11.601 ″ (″)

       ″ 7 ″ 의 4   114 ″ (″)

       ″ 33 ″ 의 1   947 ″ (″)

                   소 제 13.677 평

2. 2차 매수 예정 면적

       도확동 7 번지의 11.12.13.   1.654 평 (국유재산)

       ″ 33 ″ 9   약 1.540 ″ (″)

       ″ 33 ″ 내   약 2.700 ″ (대한증석 소유)

                   소 제   5.894 평

                            제   19.571 평
              ****

52

6 마포아파트 대지 확보 예정
면적(1961). 출처 : 대한주택공사

되어 있었다. 마포교도소가 안양교도소로 통합, 이전되면서
별다른 용도 없이 법무부 관할 국유자산으로 남아 있던 것을
주택영단이 마포아파트 건설 부지로 매입하기에 이른다. 따라서
장동운이 수의계약을 통해 법무부로부터 마포아파트 부지를
매입했다는 말은 공식적으로 따지면 국유지를 민간에 매각하는
이른바 '불하'(拂下)에 해당한다.

마포구 도화동 7번지

경성우편국 전화가입자 명부에 실린 '경성감옥 마포연와공장'의
주소지는 '경성부 도화동 7'이고, 대한주택영단이 마포아파트
건설을 위해 확보할 대지라고 1961년에 언급한 필지는
'도화동 6번지와 7번지의 2호와 4호 등 다섯 필지, 그리고
도화동 33번지의 1호 등 세 필지'였다. 이 가운데 도화동
7번지 2호가 1만 1,601평으로 가장 컸다. 『대한주택공사
주택단지총람 1954~1970』는 마포주공아파트 위치를 '마포구
마포1동(도화동) 7번지'○로 기록한다.
    국가기록원의 지적(地籍) 아카이브를 이용해
벽돌공장이 들어선 일대를 살펴보면 도화동 6번지와
7번지가 대부분인데, 6번지는 밭(田)으로 개인 소유이고,
7번지는 대지(垈)로 1913년에 이미 국유지였다.
1936년 8월에 제작한 『대경성부대관』(大京城府大觀)에
호프만식 가마에 대한 자세한 묘사와 함께 '형무소
연와공장'이라고 표기된 벽돌공장은, 같은 해에 제작한
「지번구획입대경성정도」(地番區劃入大京城精圖)에도 예외 없이
도화동 6번지와 7번지를 차지하는 대표적인 시설로 표기되어

← 6
→ 7

→ 8
   9

53

○   대한주택공사, 『대한주택공사
주택단지총람 1954~1970』
(대한주택공사, 1979), 70쪽.

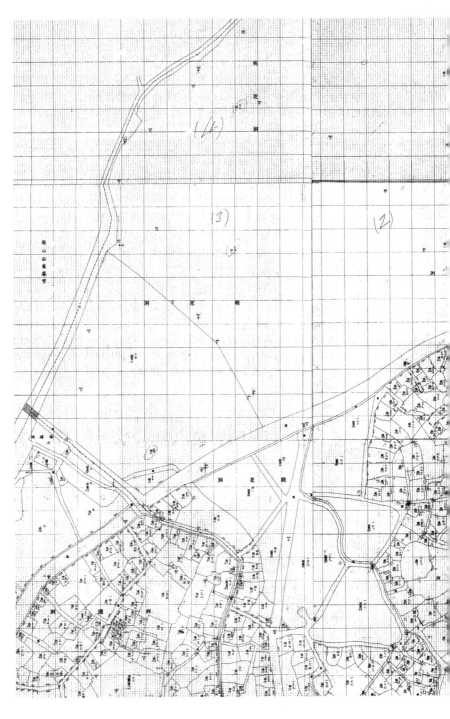

7 마포형무소 도화동 연와공장
일대의 1913년 지적도(결합).
출처: 국가기록원 지적아카이브

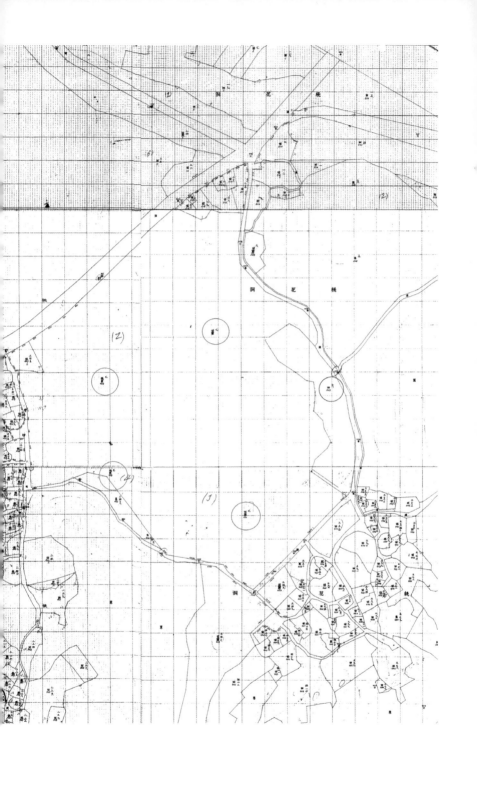

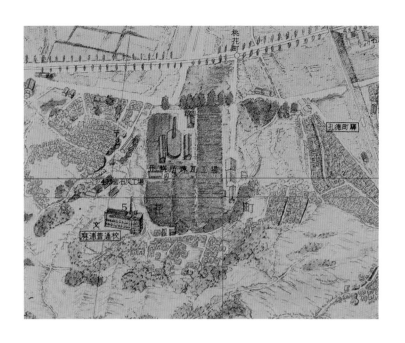

8　『대경성부대관』에 표기된
마포형무소 벽돌공장(1936).
출처: 서울역사박물관

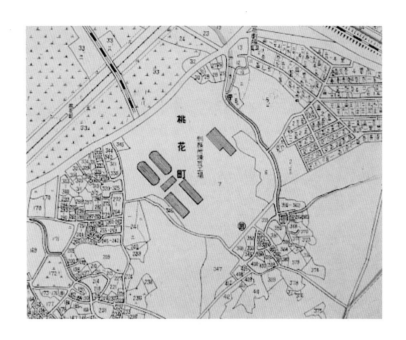

57

9　「지번구획입대경성정도」에
표기된 마포형무소 벽돌공장(1936).
출처 : 서울역사박물관

있다.

　　결국 '도화동 6번지와 7번지'의 관계를 파악해야
하는데 구(舊)토지대장이 이를 설명하고 있다. '마포구
도화동 6의 1' 등 부지는 1912년 일제의 최초 토지 조사
사정(査定) 당시 1,015평 넓이에 지목은 밭(田)이었다.
'도화정 6-1' 소유자는 남산정 3정목에 거처를 둔 송종헌으로,
정미칠적(丁未七賊), 경술국적(庚戌國賊) 등에 이름을 올린
대표적 친일 인사 송병준의 아들이다. 일진회를 이끌며 일제의
강제병합에 앞장섰던 송병준은 일제로부터 그 공을 인정받아
5등작 중 네 번째에 해당하는 자작을 받았고 중추원 고문을
맡았는데, 1920년에 백작으로 승작했다. 그의 사후 송종헌은
아버지의 백작 작위를 승계했다. 대정 9년인 1921년 8월
21일에 송종헌 소유의 '도화정 6-1'이 무슨 이유에서인지
남산정 3정목 31번지에 주소를 둔 그의 아버지 송병준에게
소유권이 이전됐다. 송병준 소유가 된 도화정 6-1은 다시
몇 차례 사인 간의 소유권 이전이 있었고, 1933년 11월 25일에
국유지가 되었다. 이후 특별한 변동이 없다가 1971년 11월 19일
충정로2가 185-10에 주소지를 둔 대한주택공사로 소유권이
변경되었고, 다음 해인 1972년 5월 26일에는 마포구 도화동
7의 11부터 7의 14까지를 합병해 면적이 1만 4,121평으로 크게
늘어났다. 1,015평에서 14배나 늘어, 마포주공아파트가 들어선
아파트단지의 전체 면적 1만 4,141평과 거의 같은 크기가
된다. 지목이 밭(田)에서 대지(垈)로 바뀐 것은 1971년 11월

○　　마포주공아파트단지는
주택지가 9,303평(66퍼센트),
도로 3,434평(24퍼센트), 놀이터
420평(3퍼센트), 기타 녹지
984평(7퍼센트)으로 총면적은
1만 4,141평이며, 건폐율은 11퍼센트,
용적률은 67퍼센트이다(대한주택공사,
『대한주택공사20년사』,
445쪽). 대한주택영단에서 최초

실시한 1961년 8월 1일의 토지
조사 보고서는 마포형무소 대지가
1만 8,754평이라 밝히고 있는데 이는
1961년 대한주택영단이 작성, 정부에
보고한 『대한주택영단 5개년건설계획』
19쪽에서 밝힌 1만 8,979평과 유사하다.
그러나 『대한주택공사 주택단지총람
1954~1970』(1979)에 기록된
공식 면적은 1만 4,141평이니 이를

13일이다.○

대한주택공사의 마포아파트 배치도와 1967~1979년의 폐쇄지적도를 결합해서 보면 마포주공아파트 부지는 모두 '도화동 6번지'를 중심으로 이루어져 있음을 알 수 있다. 주요 도로는 마포구 '도화동 6-1', 주거동 필지에 해당하는 경우는 '도화동 6-14 및 6-35 등 10곳', 그리고 상가 필지는 '도화동 6-34'이다.◎

→ 10 11

한편, 마포아파트 건설 부지는 일제강점기 때부터 한강의 상습 범람지였다. 1930년 1월 24일 경성형무소장이 정무총감에게 보낸 침수 피해 복구 예산 신청서에 따르면 잦은 한강 범람으로 가마 일부가 붕괴됐으니 시급하게 복구 예산을 배정해 달라고 요청한다. '을축년 대홍수'로 불리는 1925년 한강 범람 때도 마포형무소 연와공장은 침수를 피하지 못했다.● 이러한 입지 조건이 후일 마포주공아파트단지 조성에서도 약점이 되어 10층짜리 주거동 11개를 건설하겠다는 대한주택영단의 구상에 대해 전문가들이 입을 모아 반대했다. 지반이 취약해 고층아파트 건립에 적당하지 않다는 것이 주요한 이유였다.

→ 12 13

"대지로 사용하려는 땅은 원래 마포형무소에서 농장으로 사용했던 것을 싼값으로 매입한 것이었는데 본래 이곳이 자갈밭의 하상(河床)으로서 둑이 없었던 시절 홍수가

마포아파트단지 부지의 최종 면적으로 보아야 할 것이다. 1972년 5월 26일에 마포구 도화동 7의 11부터 7의 14까지를 모두 합병해 그 면적이 1만 4,121평이 되었다는 구(舊)토지대장보다 나중에 정리된 기록이기 때문이다. 20평 정도의 미세한 면적 차이는 부지를 정형화하는 과정에서 소규모 필지의 합병이나 교환 혹은 추가 매입이나 제적 등으로 인해 조정되었을 것이다.

◎ 도화동 7번지에 대한 구토지대장은 자세한 소유권 이전 등을 공개하지 않아 확인할 수 없다.

─────────

● 1925년 대홍수를 겪으면서 조선총독부는 서울 일대의 한강 범람 지역과 각 지점의 범람 시 수심을 조사해 지도로 남겼는데 서울역사박물관이 소장하고 있는 「경성부수재도」(京城府水災圖)가 그것이다.

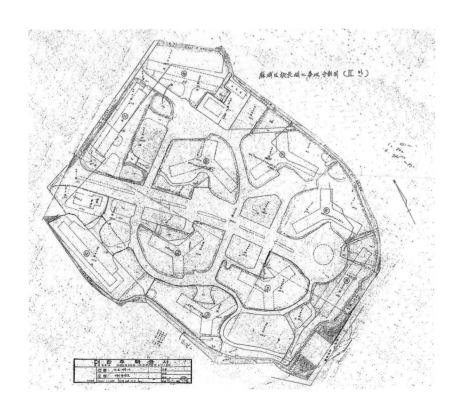

麻浦區 欲永湖亡 農地 分割圖 (Ⅱ안)

⑩　마포구 도화동 7번지
마포아파트 대지분할도(1964·10·5).
출처 : 대한주택공사

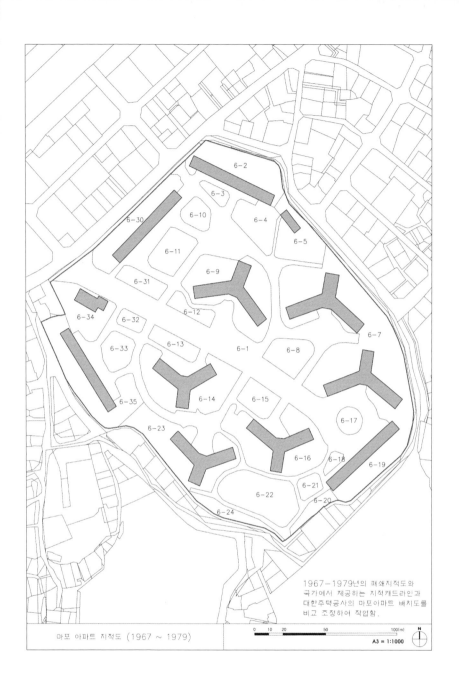

마포 아파트 지적도 (1967 ~ 1979)

1967-1979년의 폐쇄지적도와
국가에서 제공하는 지적캐드라인과
대한주택공사의 마포아파트 배치도를
비교 조정하여 작업함.

0 10 20   50   100(m)

A3 = 1:1000

[11] 1967~1979년 폐쇄지적도에
마포아파트 배치도 결합. ©권이철

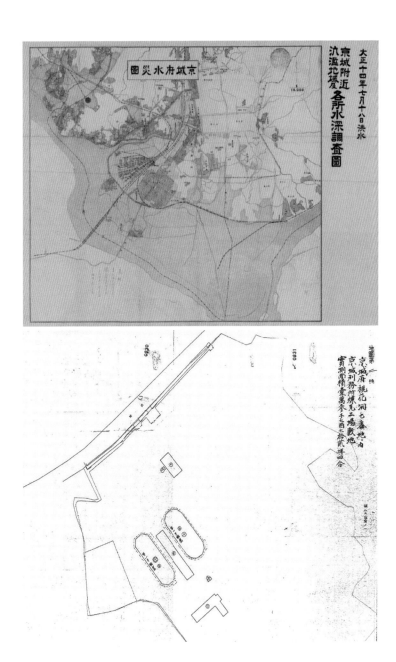

大正十四年七月十八日洪水

京城附近
汎濫地域各所水深調査圖

京城府水災圖

地圖本 一號

京城府 桃化洞七番地內
京城刑務所煉瓦工場敷地
實測面積靈萬參千七百拾貳坪合

12 「경성부수재도」에
표기된 마포형무소 연와공장.
출처 : 서울역사박물관

13 경성형무소 마포 연와공장 부지
실측도(1930). 출처 : 국가기록원

이 실측도는 1930년 1월 24일
경성형무소장이 정무총감에게 보낸
신청서에 대해 1930년 2월 18일
조선총독부 법무국이 답신한 공문
「연와 가마 붕괴 건」(煙瓦窯取崩の件)에
첨부된 도면이다.

날 때는 그곳까지 한강물이 범람하였으므로 지반이 견고하지
못하였다"○라는 주장은 일제강점기부터 수도 없이 있었던 한강
범람으로 인한 벽돌공장의 가마 붕괴를 근거로 삼은 것이다.
이런 이유로 특별히 지반 보강이 필요했다. 대한주택영단의
엄덕문은 '건물을 짓기 위해 (대한주택영단이) 토질 조사를
한 게 마포아파트가 최초인데, 조사 결과 지반은 괜찮았지만
(여러 염려를 불식하기 위해) 소나무 말뚝을 박아 수분을
흡수하고 지반을 더욱 튼튼히 해 200년 이상의 수명을 갖도록
했다'◎고 밝힌 바 있다.

　　　마포아파트 건설 부지 확보가 장동운의 회고처럼
쉽게 마무리된 것은 아니었다. 당연히 우여곡절이 있었다.
1961년 11월에도 대한중석회사가 부천의 토지를 법무부에
이양하고 그 대신 법무부로부터 받은 도화동 33번지 일부에
→ 14 해당하는 2,700평을 마포아파트 공사 착공 후 한 달이 지난
시점에도 확보하지 못했다.◉ 이에 대해 보건사회부 장관은
대한주택영단이 지혜롭게 처리하라는 원론에 가까운 답신을
보냈을 뿐이다. 1962년 2월에는 마포형무소 시절부터 있었던
법무부 관사 거주자 10명 가운데 3명이 '철거비 10만 환으로는

○　　대한주택공사,
『대한주택공사30년사』, 101쪽.

◎　　「위대한 세대의 증언:
주거혁명의 기수 장동운」, 『월간조선
뉴스룸』 2006년 7월호. 그러나
마포주공아파트가 들어설 부지가
상습 범람지였음에도 불구하고
처음에는 토질조사를 하지 않았던
것으로 알려진다. 1961년 11월 15일
영단과 USOM과의 설계 협의 결과에
따르면 USOM은 "기초공사 작업에
앞서 확인해야 하는 하층토 조사에
관한 내용이 전혀 없다. 토질 조사가
선행되지 않으면 시공 과정에서 비용
증가가 엄청날 것이며, 좋은 설계가

원천적으로 불가능하다"라고 지적했다.
이에 대한 구체적인 내용은 USOM이
1961년 11월 22일 작성한 "Proposed
Apartment Housing, Mapo, Seoul,
Korea" 참조.

◉　　대한주택공사, 「마포 대지 확보의
건」(1961·11·2), 대한주택영단이사장이
보건사회부 장관에게 보내는 건의문
첨부 문건.

●　　마포교도소, 「마포 관사 입주자
철거 회보」(1962·2·24). 이 문건은
1962년 2월 20일 대한주택영단
이사장이 마포교도소장에게 보낸 관사
입주자 8세대 철거에 대한 조사 결과

마포 대지 확보의 건

국민 생활향상의 필수 조건인 주택 개선이 절실이 요청되어 금번 국가 시책에 의하여 영단에 부과된 거대한 사업으로 마포구 도화동에 고층 아파-트를 건설 착공하여 공사가 착착 진행되고 있는 바 동 건설지구 대지내에 일부 폐지가 법무부로 부터 대한중석회사에 양도 하기로된 까닭에 건설 계획상 전반적으로 막대한 지장과 손실이 있으므로 해토지를 확보 하고저 다음과 같이 건의 하나이다.

기

1. 토지표시　　소재지　마포구 도화동 35번지 내
　　　　　　　면적　약 2,900 평

2. 위치
본 토지는 마포구 아파-트 건설용지 18,750 평중 간선도로(전차도로)변에 위치하며 아파-트 대지 입구로서 가장 중요한 지점으로 되어있음.

3. 경위
본 토지는 대한중석회사 소유인 경기도 부천소재 대지와 교환하여 부천대지는 기히 국유화 조치 되었으며 대한중석회사에 양도 하기로 결정 되었는바 대한중석에서는 동익사(토건회사)대표 이정원에게 4294년 10월 경 채권 90,000,000.-환에 대한 변제관계로 대물 변제에의한 소유권 이전 지정 위임을 하였으나 현재 동익사 대표 이정원은 미 인수 중임

3. 대지 확보 요령
은행 감정 가격에 의하여 영단이 대한중석회사로 부터 매수코저 함.

이에관하여 대한중석회사가 동익사 대표 이정원에게 지불할 채권금액 90,000,000.-환에 대하여 동익사 대표 이정원은 월 3부 이자를 요구 하고 있으나

심계원으로 부터 법적 이자인 년 1 할 2부를 가산하여 지불할 것을 지시 하였는바

만일 동익사 이정원이 이에 불응하고 소송을 제기 하여 승소할 경우 동 채권 지불액이 은행감정 가격보다 과액일시에는 그 차액을 영단이 부담하여 매수할수는 없는 것임.

4. 요망사항
1. 대한중석회사가 동익사 이정원에게 지불할 채권액이 은행감정 가격보다 과액일시 대한중석회사가 결손을 보드라도 시가에 의하여 영단에 양도 할수 있도록 요망함.
2. 법무부와 대한중석회사 간에 환지 관계를 무효로 하는 방안.

대한중석회사 소유인 부천 대지는 공장 지대인 만큼 형무소 부지로 이용하는 문제에 대해서는 국가적 견지에서 불합리한 실정 이므로 법무부에서 대한중석회사 소유지에 대한 국유화 조치를 취소하고 법무부 소관 부천 형무소는 타 국유지를 선용하게 된다면 마포의 해 토지는 법무부서 용도 폐지하여 영단이 취득하도록 요망함.

3. 토지 수용법을 적용 할수 있는 방안
본건 아파-트 건설이 주택 개선의 혁신적이고 국가 시책에 의한 거대한 사업인 만큼 본 사업을 완수하기 위하여 토지 수용법을 적용 할수 있도록 요망함.

.. 이 상 ..

14 「마포 대지 확보의 건」(1961·11·2). 출처: 대한주택공사

관사 철거와 명도에 동의할 수 없다'●라며 퇴거를 거부하는
일도 벌어졌다. 토지 확보, 거주자의 명도 등이 완전히
이루어지기 전에 공사가 시작된 것이다. 그만큼 마포아파트는
시급한 프로젝트였다.

요청에 대한 답신 공문으로, 8세대
가운데 3세대가 명도를 거부하고
있음을 알리고 있다. 한편, 환(圜)을
원(圓)으로 전환하는 '6·1Ø 화폐
개혁'은 1962년 6월 1Ø일 시행된다.

3

국가 프로젝트의 이데올로기

1970년 전체 주택 중 단독주택이 차지하는 비율이
95.3퍼센트로 415만 4,902호였고, 아파트는 0.77퍼센트인
3만 3,372호에 불과했다.○ 집은 곧 단독주택이었다.
50년 뒤 이 수치는 극적으로 바뀐다. 통계청이 발표한
「2020년 인구주택총조사」에 따르면 2000년에 전체 주택 중
47.8퍼센트였던 아파트의 비중은 2005년(52.7퍼센트)에
절반을 넘겼고, 2016년(60.1퍼센트)에 처음으로 60퍼센트대를
돌파한 뒤 계속 상승하여 2020년에는 1,166만 2,000호로
총주택 1,852만 6,000호의 62.95퍼센트를 차지했다.◎
반면에 단독주택은 389만 8,000호로 전체 주택의 21퍼센트에
머물렀다. 50년 사이 아파트는 0.77퍼센트에서 62.95퍼센트로
치솟았고 단독주택은 95.3퍼센트에서 21퍼센트로 곤두박질친
것이었다. 50년 동안 국민 대다수가 사는 주택의 유형이 이렇게
달라진 경우가 또 있을까.

○   윤주현 편, 『한국의 주택』
(국토연구원, 2002), 52쪽.

◎   e-나라지표(index.go.kr)-
유형별 재고주택 현황.

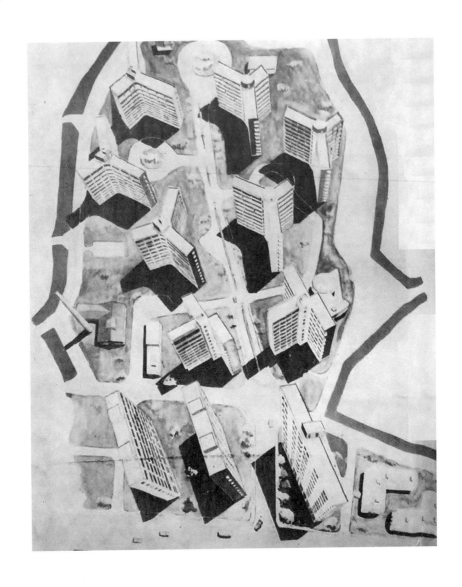

68

1   마포아파트 조감도. 출처:『주택』
제7호(1961년 12월) 화보

혁명 주체의 '시범'

장동운 대한주택공사 초대 총재가 마포아파트 건설과 관련해
"이 일을 '시범아파트'로 강력하게 추진한 배경에는 '혁명
주체'로서 국가재건최고회의의 신뢰 때문"○이라고 여러 차례
밝힌 바 있다. "그 당시 '아파트'라고 불리던 다세대주택은 주로
영세민들이 살고 있어서 '빈민굴'이라는 이미지가 강했습니다.
이런 인상을 불식시키려고 10층의 최신식 아파트단지를
지으려고 했습니다. 엘리베이터를 설치하고, 중앙집중식 난방을
하고, 수세식 화장실을 설치하려고 했어요. 40년 전인 1962년에
이런 생각을 했으니, 제가 엄청나게 획기적인 발상을 한 거죠."◎
국가 재건이 필요한 시기에 육사 8기 공병장교로 쿠데타 핵심
인물인 자신이 누구도 감히 상상할 수 없는 '엄청나게 획기적인
발상'을 내고 실현시켰다는 자찬이다. 실제로 국가재건최고회의
구성원 대부분은 마포아파트 건립에 반대하거나 의견을
내지 않았다고 알려져 있다. 다만 육사 8기였던 김종필
중앙정보부장만이 적극적으로 관심을 보이며 동조해서
마포아파트 건립이 궤도에 오르게 됐는데, 최고위원들을
설득할 때 조감도와 투시도를 보여줬다고 한다.

　　발전국가와 건축은 바로 이 지점에서 만난다. 1960년대
한국에서 미래를 현재로 호출하는 건축의 이데올로기와
발전국가의 계획은 유례없이 공명했다.● 장동운의
시범아파트는 국가 주도 발전 전략을 추진하던 신생 독립국이자
후발 국가의 이데올로기 프로젝트이기도 했다.

　　'단지의 규모와 이를 채울 주거동의 높이'가 '시범'의
가늠자였다. 10층짜리 주거동 11개가 울타리를 두른 듯한

○　2005년 KBS 백승구 기자와의
인터뷰 녹취록 등.

◎　「위대한 세대의 증언: 주거혁명의
기수 장동운」,『월간조선 뉴스룸』
2006년 7월호.

●　발전국가 시기의 건축의 역할에
대해서는, 박정현,『건축은 무엇을
했는가』(워크룸프레스, 2020) 참조.

[2] 마포아파트 I형 아파트 투시도.
출처: 『주택』 제7호(1961년 12월) 화보

[3] 마포아파트 Y형 아파트 투시도.
출처: 『주택』 제7호(1961년 12월) 화보

부지에 빽빽하게 들어찬 아파트단지의 모습이 실제 공급할
물량보다 더 중요했다. 아파트의 점유율이 0.77퍼센트에
불과했던 1970년에서 10년쯤 더 거슬러 올라간 1961년에
중앙집중식 난방에 수세식 화장실을 갖춘 아파트를 입주자들이
엘리베이터를 이용해 오르고 내리는 장면은 아직 손에 잡히지
않는 흐릿한 미래 풍경이었다. 어떤 면에서도 당대에 불가능해
보였던 예외, '각종 첨단 설비와 장치'는 이데올로기를 전하는
매체였다. 이는 "근대문명의 혜택"이었고, 체제 홍보와
대북선전의 장치였다.○

　　　최초의 목표였던 10층 높이의 11개동 1,158세대는 압도적
물량이었으며 선례를 찾아볼 수 없는 획기적인 사건이었다.
그때까지 대한주택영단은 기껏해야 2층 조적조의 이태원
외인아파트(1960년)와◎ 3층 높이의 단일동 공영아파트
A형(1960년), 콘크리트블록에 목조 지붕틀을 채택한 2개 동의
3층 도화동 소형아파트(1963년)● 정도를 설계하고 감독했을

○　　대한주택공사,
『대한주택공사20년사』, 236쪽.

◎　　1960년 7월 준공한 이태원
외인아파트의 설계도는 서울 이외
지역에 지어진 최초의 외인아파트인
부산 연지동 외인아파트에서
반복 사용되었다. 1960년 7월에
착공해 1961년 1월 31일 준공한
연지동 외인아파트는 2월 24일에
현지에서 준공식을 거행했다. 연지동
외인아파트는 한국 정부와 USOM
사이에 체결한 건설협정에 따라
소유권은 한국 정부에 속하되 입주권과
사용권은 USOM이 갖고, 건설과
관리는 영단이 담당하는 것이었다.
이태원아파트에서 채택한 아파트
평면이 그대로 사용됐고, 2개 동
14세대가 입주했다.

●　　대한주택공사는 마포아파트
2차 공사가 한창이던 1963년 12월에
서울 마포구 도화동에 '도화아파트'를
준공했는데, 단위세대가 부엌과
화장실, 방 하나로 구성된 2개 동
3층짜리 규모였다. 한창 건설 중이었던
마포아파트 2차 사업과 차별하기
위해 대한주택공사는 이 아파트를
'소형 아파트' 혹은 '노무자아파트',
'영세민아파트' 등으로 호칭했다.
대한주택공사, 「(도화동 소형
아파트) 인계인수서」(1963·12).
도화동 영세민아파트의 경우 세대당
전용면적(실면적)은 4.8평에서
5.9평 정도에 불과했지만 마포아파트의
경우는 9~15평으로 노무자아파트나
영세민아파트에 비해 실면적이
2~3배 컸다. 층수 역시 그 전과는
비교할 수 없을 정도로 높아 자그마치
10층(최종적으로는 6층)에 이르렀다.

4 1964년 최종 준공한
마포아파트와 대한주택공사가 1963년
건립한 인근의 도화아파트(1972).
출처 : 서울특별시 항공사진서비스

5 서울 이태원 외인아파트
항공사진(1960). 출처 :
『대한주택공사주택단지총람
1954~1970』(1979)

뿐이다. 일천한 경험이었고, 아직 과거를 답습하는 수준에서 벗어나지 못했다. 영단 이사장 취임과 동시에 당장 '10층 아파트를 설계하라'는 장동운의 지시는 과대망상에 가까운 것이었다.

 6/7 최신 설비를 갖춘 10층 아파트 설계는 한국 건축가들에게 미지의 영역이었다. 엄덕문 당시 주택영단 건설이사 겸 건축부장은 '영단 수준으로는 설계 못 한다'고 답할 수밖에 없었다.○ 엄덕문은 와세다대학교 부설 고등공업학교에서 건축을 공부했고, 훗날 세종문화회관(1978), 과천 정부종합청사(1982) 등을 설계하며 당대 최고의 건축가 가운데 한 명으로 성장하는데, 그런 그에게도 10층 아파트는 무모한 계획이었다.◎ 군사 정부의 서슬에 기가 눌려 죽을 상황이었지만 못 한다고 말할 수밖에 없는 형편이었다.●

1958년에 준공한 5층 아파트 3개 동 17평형 152세대의 종암아파트나 1959년에 지어진 5층 H자 모양의 단일동 75세대 규모의 개명아파트는 중앙산업이 설계와 시공을 맡아 준공했다. 이를 대한주택영단이 인수해 분양하고 관리했다.●

○　「위대한 세대의 증언: 주거혁명의 기수 장동운」, 『월간조선 뉴스룸』 2006년 7월호 중 엄덕문 회고 부분.

◎　그는 1957~1958년에 ICA 주택기술실장을 거쳐 1958년 11월 11일 대한주택영단 건설이사로 취임했으며 영단의 겸직제가 실시된 1959년부터 건축부장도 겸했다. 1961년 11월 11일 퇴임했는데 이때는 이미 마포아파트 기본설계를 마무리한 뒤였다. 그의 후임으로 1962년 7월 1일 홍사천이 취임했다.

●　이와 유사한 상황은 5년 뒤인 1966~1967년경에 다시 반복된다. 정부종합청사 설계경기에서 등장했던 '규모의 실현 문제'가 그것이다. 이에 대해서는 박정현, 『건축은 무엇을 했는가』, 70~97쪽 참조.

●　이보다 앞서 1956년 8월에는 한미재단이 'West Gate Apartment'라는 이름으로 3층짜리 단일동 아파트를 교남동(행촌동)에 지은 적이 있었으며, 중앙산업은 1957년에 일본인 기술자들을 사원으로 특별 채용하면서 이들이 서울에 정착하는 데 도움이 되도록 사원용 아파트를 '중앙아파트'란 이름으로 서울 주교동에 건설했다. 1950년대 중후반의 아파트에 대해서는 박철수, 『한국주택 유전자 2』, 1장 참조.

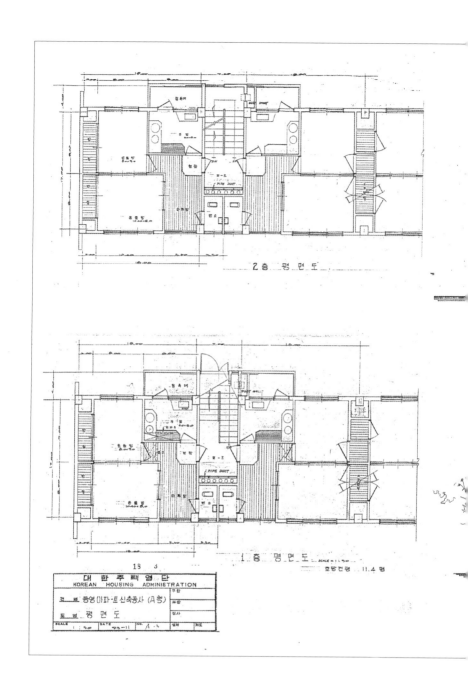

6 대한주택영단의 공영아파트
A형 평면도 및 입면도(1960·11).
출처: 대한주택영단

정 면 도   SCALE = 1:50

7   서울 마포구 도화동
소형아파트(1963).
출처: 대한주택공사

10층 높이는 아니었지만, 외국인들을 위한 주택인 한남동
유엔빌리지의 외인아파트처럼 다양한 설비를 갖춘 단독주택과
아파트가 전혀 없지는 않았다. 그러나 이 역시 중앙산업이
설계하고 당시 한국에서 가장 다양한 경험을 지닌 육군공병단이
시공을 맡아 완공 후 이를 대한주택영단에 인계한 것이었다.
규모를 떠나 당시 영단의 설계와 시공 경험은 일천했다.
마포아파트에서 채택한 "Y자형 동체구조(棟體構造)는 한국에서
전례가 없었다"○고 했던 것은 두려움의 다른 표현이었을지도
모른다.

　　엄덕문의 회고는 장동운의 그것과 마찬가지로
마포아파트의 예외적인 위상을 강화하는 것이기도 하다.
두려움은 이내 자부심으로 바뀌고, 이 과정에서 마포아파트의
이데올로기는 증폭된다. 엄덕문은 '최고 전문가들을
자문위원으로 위촉해 밤낮을 가리지 않고 매진해 단 3개월 만에
10층 아파트 설계를 마무리했다'◎며 전형적인 극복의 서사를
들려준다.

　　대한주택공사 최초의 수세식 화장실, 입식 생활(침대
생활)을 지원하는 라디에이터 난방과 보일러를 이용한 온수
공급, 엘리베이터는 군사혁명을 생활의 혁명으로 전환하는
계기라고 보았다. 여기에 더해 또 하나의 '시범'은 9평,
12평, 15평에 불과한 단순 핵가족과 신혼부부를 위한 아파트
구상이다. 실제로 많은 신혼부부가 입주했고 1963년 말에는

○　　대한주택공사,
『대한주택공사20년사』, 360쪽.

◎　　대한주택공사는 분야별
외부 전문가를 위촉해 자문위원회,
건설추진위원회, 건설위원회 등을
조직해 선례가 없는 사업의 기술적
난관을 극복하고자 했고, 이를
'공동설계'라 불렀다. "공사는

마포아파트의 설계를 할 때 당시
건축계의 권위였던 김희춘, 강명구,
정인국, 나상진, 김종식, 함성권 씨 등을
자문위원으로 위촉하여 '공동설계'를
했으며, 약 50억 원의 예산을 들여
이 건물들을 1961년 10월 16일에
착공, 1962년 12월 말까지 준공할
예정이었다." 같은 책, 360쪽.

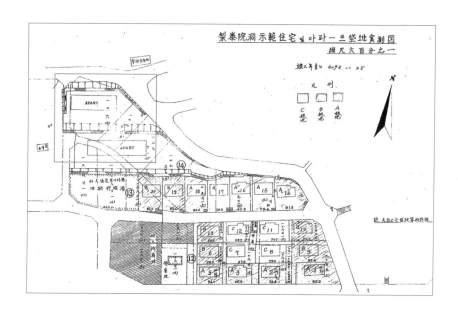

8 　서울 이태원동 시범주택 및
아파트 대지 실측도(1960·11)에 포함된
외인아파트. 출처: 대한주택영단

9 　부산 연지동 외인아파트 각 방향
입면도(1960·4). 출처: 대한주택영단

10 　부산 연지동 외인아파트 6호 조합
1, 2층 평면도. 출처: 대한주택영단

SIDE ELEVATION   SIDE ELEVATION

FRONT ELEVATION   REAR ELEVATION

SCALE 1/50

대 한 주 택 영 단
KOREAN HOUSING ADMINISTRATION
PUSAN HOUSING PROJECT
ELEVATIONS

APARTMENT HOUSE

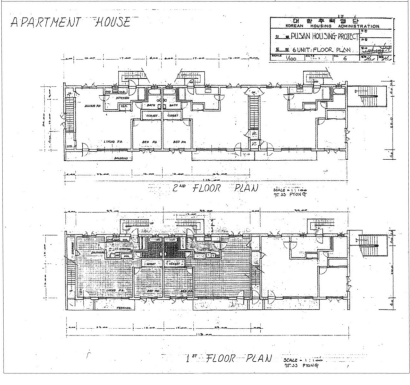

대 한 주 택 영 단
KOREAN HOUSING ADMINISTRATION
PUSAN HOUSING PROJECT
6 UNIT FLOOR PLAN
SCALE 1/100

2ND FLOOR PLAN
SCALE 1:100

1ST FLOOR PLAN   SCALE 1:100

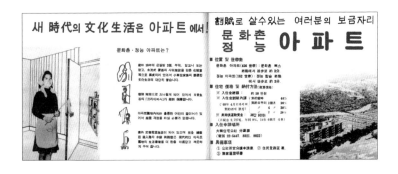

11　마포주공아파트 Y자형
주거동의 안방 침대 및 욕실(1962·11).
출처 : 국가기록원

────────────────

12　문화촌아파트와 정릉아파트
분양 안내. 출처 :『주택』제20~21호
(1967년 12월)

← 11 대기자가 수백 명에 달할 정도로 입소문을 타 유행으로 번졌다.
    '문화적 생활'을 익히는 집단 공동생활의 학습장인
마포아파트는 이후 사업들이 따라야 할 시범 모델이었다.
1967년 대한주택공사는 제2차 경제개발5개년계획 목표에 맞춰
아파트 건설에만 집중한다는 방책을 세운다. '소단위 가족이
간편하게 문화적인 생활을 누릴 수 있는 공간'이 목표였고,
이는 '온돌방 2개와 부엌, 발코니, 수세식 변기와 샤워 시설을
갖춘 화장실'이라는 설계 기준으로 구체화된다. 대표적 예가
← 12 문화촌아파트와 정릉아파트다.

계획가 박병주, 건축가 엄덕문과 김중업의 평가

설계 책임을 맡았던 엄덕문 역시 비슷한 평가를 내린다.
최첨단·최신식 설비를 갖추고 입식 생활을 추구한
마포아파트가 이후 변기와 싱크대 등 주택 관련 산업이
발전하는 데 큰 계기가 되었다는 것이다.○ 건축가 김중업 역시
『경향신문』 좌담회를 통해 "마포아파트 건립은 결국 '대규모
아파트군(群) 형성'의 첫 케이스"라 평한 뒤 '인공대지와 도시
입체화'를 통해 택지 문제와 공지 문제를 해결해야 한다고
역설했다. 이런 점에서 보자면 '마포아파트 건설은 주택 정책의
→ 13 일대 혁신'이라고 진단했다.◎ 장동운의 말대로 1~2채가
아니라 여러 동(棟)으로 이루어진 아파트단지를 만든다는 것을
상상하지 못할 때였고, 무엇보다 이런 규모의 사업을 벌일

○ 「위대한 세대의 증언: 주거혁명의
기수 장동운」,『월간조선 뉴스룸』
2006년 7월호. 실제로 주택산업과의
연관성 측면에서 나름의 성취를 이룬
경우는 한강맨션아파트라 할 수 있다.
한강맨션아파트 준공(1970·9·9)
이후 소위 '맨션산업'은 타 분야의

불경기에도 불구하고 활황을
구가했으며, 부엌 가구와 침대를 비롯해
다채로운 가전제품과 가구, 도기에
이르는 품목이 다양하게 발전했다.

◎ 『경향신문』 1963년 4월 18일자.

13 김중업 설계 이태원
군인(육군)아파트(1965).
출처 : 서울역사박물관 ©노무라
유키모토

돈이 없던 시절이었다. 대한주택공사의 아파트단지는 소위
혁명정부가 국민들에게 보여줄 수 있는 유일한 프로젝트였기에
달라도 크게 달랐다.

　'시범'을 물리적 규모나 최신 설비 도입이 아니라 정책적인
측면으로 해석한 이도 있었다. 대한주택영단 주택문제연구소
단지연구실장을 거쳐 홍익대학교 교수로 자리를 옮긴 박병주는
1967년 발표한 글에서 마포의 임대아파트가 분양으로
전환한다는 소식을 접하고 지금의 현실에서 임대아파트가
사라져도 괜찮은지 탄식에 가까운 질문을 던진다. 그는
마포아파트가 갖는 가장 중요한 특징이자 장점으로 '공영임대
아파트'라는 사실을 꼽았다. '공영주택 건설 비용에 정부의
정책 자금이 10퍼센트에도 미치지 못하는 것이 현실이기
때문에 대단위 주택지에서 (공공이) 먼저 몇 곳을 골라 집을
지은 뒤 이를 모범적 선례로 삼도록 민간을 지도하는 의미'○가
'시범'이어야 한다는 입장이었다. 그러나 이런 입장은 소수에
불과했다. 마포아파트 건립을 추진한 이들에게 임대냐
분양이냐는 부차적 문제였고, 이 결정이 지금까지 이어지는
정책에 어떤 영향을 미칠지에 대해 상상조차 하지 못했다.
그들에게 중요한 것은 무엇보다 규모, 이 규모가 선사하는
새로운 도시 경관, 즉 발전과 등치되길 원한 혁명의 이미지였다.

○　박병주, 「아파트 건설과
주택사업」, 『주택』 제19호(1967년 6월),
78~79쪽. 나아가 박병주는 가능한
한 단지 규모를 대단위로 해야 성과를
거둘 수 있다면서 '단지화 전략'을
적극 주장했다. 박병주, 「주택금고에
부치는 나의 제안: 단지화된 주택사업에
우선토록」, 『주택』 제20~21호(1967년
12월), 39쪽.

'넓이와 높이'라는 시범

벽돌로 고작 2~3층 아파트를 짓다가 철근콘크리트 구조의
10층 아파트를, 1~2동도 아닌 11동을 한곳에 배치하고 건설하는
일은 대한주택영단으로서는 대단한 모험이었다. 설계 경험도
없었거니와 재료의 수급과 이동, 건설 방법 등 거의 모든 것이
낯설고 부족했다.○ 그러나 무엇보다 자금이 가장 큰 문제였다.
설계와 시공은 시행착오를 거치며 학습하고 해결할 수 있지만
건설 자금은 차원이 다른 문제였다.

> 제일 먼저 USOM(한미경제협조처)에 부탁했지요. 주택국장을
> 맡고 있던 이탈리아계 미국인 낫소 씨에게 "국민주택자금으로
> 쓸 돈을 내놓으라"고 막무가내로 얘기했어요. 만 30세의
> 새파란 젊은 장교가 돈 달라고 하니, 이 사람도 기가 막혔던
> 모양입니다. "국민소득 100달러도 안 되는 한국에
> 엘리베이터가 있는 10층짜리 아파트단지가 무슨 필요가 있느냐.
> 돈을 못 내놓겠다"고 해요. 제가 "아파트 수명이 50년이
> 넘는데 50년 후에도 대한민국의 국민소득이 100달러밖에
> 안 되겠느냐. 시범적으로 아파트를 짓는 거니 딴말 말고 돈이나
> 달라"고 압박을 했죠.◎

○   마포아파트 구조체는
철근콘크리트였으며 외벽은 시멘트블록
쌓기였고 내벽은 아성 벽돌쌓기였다.
지붕은 철근콘크리트 슬래브, 바닥
재료는 온돌방을 제외하고는 부엌,
복도, 변소, 욕실, 계단, 현관 등은
모두 인조석갈기, 벽과 천장은 회반죽
마감, 욕실 천장은 3밀리미터 플로링,
욕실벽은 모르타르 마감, 기초는
독립기초였다. 마포아파트 건설 공사
현장에서는 대한주택공사 최초로
믹서와 컴프레서를 동원했으며,
순회감독제였던 감독 방식 역시
마포아파트를 기회로 상주감독제로 전환,
정착했다. 건설공사(시공)는 지명도급
방식을 택했고, 시공 과정에서 철근,
시멘트, 블록, 목재를 직접 지급하고
나머지는 모두 사급제(私給制)를
실시했다. 대한주택공사,
『대한주택공사20년사』, 361쪽.

◎   「위대한 세대의 증언: 주거혁명의
기수 장동운」, 『월간조선 뉴스룸』
2006년 7월호.

그러나 장동운은 USOM의 협조를 이끌어 내는 데
실패한다. USOM의 입장에서 마포아파트는 적절치 않은
사업이었다. 담당자의 말대로 규모와 형식 모두 최빈국의 주택
정책에 적합하지 않았다. 장동운은 국가재건최고회의를 통해
자금 문제를 해결하려고 시도했다. 건설부장관이었던 조성근과
최고회의 자금 담당 오정근에게 협조를 요청하고 육사 8기
동기인 김종필 중앙정보부장에게도 부탁한다.

김 부장에게 "내가 아파트를 지으려고 하는데 협조해달라"며
아파트 조감도를 보여줬더니 "아주 좋다"고 하더군요. 일제
강점기에 일본인들이 소유했던 일본인 재산을 처분해 마련한
귀속자금으로 마포아파트 자금을 마련했어요. 당시 화폐로
5억 원 정도 됐을 겁니다.◉

결국 마포아파트는 한국 정부의 자금으로 건설된다.
1963년 정부 전체 예산은 768억 원이었다. 장동운의 기억이
맞다면, 하나의 아파트단지 건립에 소요된 5억 원은 결코 적은
금액이 아니었다. 마포아파트 건립을 주도한 이들에게 규모는
부족한 예산을 투여해서라도 반드시 달성해야 하는 목표였다.
실제로 엘리베이터는 주택영단 이사장이나 설계자는
물론이고 마포아파트 자금 지원은 거절했으나 건설 과정을
끊임없이 살피던 USOM 측에게도 상당히 중요한 쟁점이었다.
→ ⑭ 여러 가지 이유로, 특히 미국의 반대로 10층에서 6층으로
설계 변경을 해야 했을 때에도 마포아파트 설계자들은 비록
엘리베이터를 당장 설치하지 못하지만 엘리베이터 홀은 그대로
남기기로 결정했다.● 언젠가는 엘리베이터를 설치할 수
있으리라는 당시의 기대와 바람, 사람이 걸어서 쉽게 올라갈 수
85   있는 층수 이상이라는 것을 알리는 엘리베이터의 상징성

◉   같은 곳.   ●   대한주택공사,
                                      『대한주택공사20년사』, 360쪽.

14 　마포아파트 Y자형(C형)
임대아파트 신축 공사 현장(1962·8).
출처 : 국가기록원

때문이었다. '높이'는 물러설 수 없는 시범아파트의 핵심이었다. 대한주택공사는 전례가 없었던 Y자형 주거동에 그 역할을 맡겼다.

또 다른 규모는 '단지'○의 넓이다. 마포주공아파트는 당시 비교 대상이 없을 정도의 압도적 크기였다. '한국 최초의 단지식 아파트' 마포아파트보다 넓은 면적의 단일 주거지는 없었다. 엄덕문이 요청하고 장동운이 위촉한 외부전문가들과 주택영단 기술진은 전례 없는 크기의 땅을 3개의 주거동 유형으로 빼곡하게 채워 단지를 완성했다.

→ 15

한동안 마포주공아파트는 따라야 할 모델이었다. 1962년 7월 1일 대한주택공사 초대 기술이사에 취임했던 홍사천은 1968년 7월 1일 퇴임 후 얼마 지나지 않은 1970년 6월 30일에 '서울합동기술개발공단'을 설립해 여의도시범아파트를 설계했다. 여의도시범아파트 초기 설계안에는 마포주공아파트단지의 영향이 뚜렷하게 드러난다. 마포에서 선보인 '시범'은 한강변을 따라 이촌동, 여의도, 광장동에서

→ 16 17

되풀이되었다. 시범은 현실로, 현실은 다시 신화로 변모해갔다. 마포아파트의 시범이 아파트단지의 신화로 바뀌는 데에는 그리 오랜 시간이 걸리지 않았다.

87

○ 마포주공아파트 건립 당시 '단지'에 대해서는 크게 두 가지의 서로 다른 이해가 있었다. 하나는 오늘날까지 그 의미를 거의 그대로 계승한 경우로, '도시계획도로나 공원 등 개발이 불가능하거나 하천, 철길 등으로 둘러싸인 일단의 주택지'를 말하지만 다른 하나는 박병주의 주장처럼 '도시기반시설을 충분히 갖춘 계획적 개발지'를 의미했다. '집이란 자기 집 울담 안만 좋으면 그만인 것이 아니다. 도로, 하수, 상수 사정, 시장(점포)의 위치, 초등학교, 어린이놀이터, 병원 등 위치가 자기 집과의 사이에 알맞게 배치되어 있어 주부나 어린이가 일상생활을 하는 데 편리하고 안전하게, 그리고 유쾌하게 지낼 수 있는 곳'을 의미했다(박병주, 「주택금고에 부치는 나의 제안: 단지화된 주택사업에 우선토록」, 『주택』 제20~21호[1967년 12월], 39쪽). 이런 의미에서 박병주는 수유리 국민주택지를 한국 최초의 주거단지로 평했다. 이 글에서의 '단지'는 전자를 뜻한다.

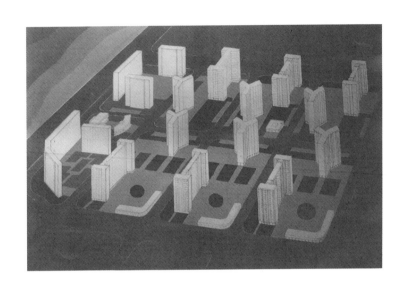

15 　홍사천이 이끄는
서울합동기술개발공사의
여의도시범아파트 계획안(1970·9).
출처 : 서울특별시 서울도서관

16　대한주택공사가 조성한 서울
동부이촌동 공무원아파트 단지
항공사진(1973·7). 출처: 서울특별시
항공사진서비스

17　마포주공아파트단지와 유사하게
一자형과 Y자형을 섞어 단지를
구성한 워커힐아파트단지(1978).
출처: 서울특별시 항공사진서비스

4

마포아파트의
이데올로기

마포주공아파트는 "우리의 살림터는 아담하고 살기 좋은
마포아파트로!"○ 혹은 "우아한 현대식 6층 건물 아파트"◎라는
임대 광고문이나 슬로건 이상이었다. 군사 쿠데타로 정권을
잡고 무소불위의 권력을 휘두른 집단의 야심찬 실험이자 선전
도구였다. 다른 한편으로는 주거의 고층화, 전면 재개발을 통한
주거 공급 등을 시도한 최초의 사례였으며, 또 다른 한편으로는
제1차 경제개발5개년계획 주택사업 전체 물량에서 아파트 부문
→ 1　모두를 감당해야 하는 중산층용 주택 공급 사업이었다.◉
　　박정희의 준공식 치사는 마포주공아파트단지가
'군사혁명을 생활혁명으로 전환'하기 위한 것이라는 점을

○　1962년에 1차로 공급한
마포아파트의 신문광고 문안.
이 광고문에 평면도와 임대 가격, 건설
취지와 개요가 함께 게재되었다.

◎　이 광고문이 등장했을 때는 이미
최초 10층의 아파트 구상이 6층으로
낮아진 이후로, 이는 「마포아파트
임대 안내」, 『경향신문』 1962년 11월
13일자(6층 5동 366세대, 8호동은 공정
지연으로 제외)에서 확인할 수 있다.

◉　대한주택공사는 마포아파트
2차 공사가 한창이던 1963년 12월에
서울 마포구 도화동에 '도화아파트'를
준공했는데 이는 3층짜리 단 두 동으로
만들어진 아파트로 단위세대는 부엌과
화장실, 방 하나로 구성했다. 당시
한창 건설 중이었던 마포아파트 2단계
사업과 차별하기 위해 대한주택공사는
이 아파트를 '소형 아파트' 혹은
'노무자아파트', '영세민아파트' 등으로
호칭했다. 대한주택공사, 「(도화동 소형
아파트) 인계인수서」, 1963·12.

1962 年度 建設 計劃

現今까지 서울一圓 및 釜山에 少數의 住宅을 建設하던 것을 止揚하고 大邱, 仁川에도 國民住宅을 建設하여 住宅의 不足에서 오는 國民生活의 不安定을 脫皮하려했다.

地區別 住宅建設戶數를 보면

서울地區

洞, 浦	450戶	아파트建設中
里水洞	120戶	1次
長位洞	92 〃	〃
〃 〃	180 〃	2次
佛光洞	230 〃	1次
桃花洞	40 〃	〃
水踰洞	35 〃	2次
其他地區	28 〃	1次
計	1,175 〃	
大邱地區	110戶	一次
釜山地區	200 〃	二次
仁川地區	80 〃	二次
合計	1,565 〃	

이를 建坪別로 分類하면

麻浦아파트

	9坪	342戶
	12 〃	72 〃
	15 〃	36 〃

國民住宅

서울地區	10坪	396戶
	15 〃	295 〃
	18 〃	34 〃
仁川地區	10 〃	80 〃
大邱地區	15 〃	60 〃
	10 〃	50 〃
釜山地區	10 〃	100 〃
	15 〃	100 〃
合計		1,565 〃

① 1962년 대한주택영단 주택
건설계획(마포아파트 450호가
아파트 공급 물량 전체). 출처: 「주택」
제8호(1962년 4월)

92

분명히 했다. 쿠데타를 혁명이라고 부른 이들은 '토지의 효율적 이용과 현대적 집단생활방식'의 도입을 한국의 도시와 한국인의 생활을 근본적으로 바꾸는 혁명으로 여겼다. 고층화를 통해 녹지를 확보하고 여러 설비를 도입한 주택을 '기계'에 비유하는 생각은 1920~30년대 중부 유럽의 현대 건축 이념과 직접적으로 맞닿아 있다.

　이는 장동운의 정치적인 발상과 대한주택영단의 전문직 기술관료를 포함한 당대 건축가 집단의 이해가 일치해 만들어낸 산물이었다. 모든 욕망을 담았던 최초 구상이 그대로 구현되지는 못했으나 새롭게 등장한 정치권력 집단의 조급하고도 강력한 요구를 건축가들이 기회로 포착하고 자신들의 또 다른 욕망 해소를 위한 장치로 재포장해 실험을 감행한 결과였다. 체제의 프로파간다이자 국가적 차원의 프로젝트에 건축가들의 욕망과 현대 건축의 이데올로기가 뒤엉켜 든 것이다. 말하자면 부족한 물적 토대를 국가 프로젝트를 통해 뛰어넘어 만들어진 모더니티다. 한국 모던의 독특한 특징이다.

　장동운은 1,000세대(가구당 가구원 수 5인 기준으로 5,000명 정도)는 되어야 현대적인 공동생활의 기준인 '단지'가 된다고 판단했다. 부지 규모를 여기에 견줘보니 대략 10층은 되어야 했기에 10층 아파트 건설을 구상했다고 여러 차례 밝혔다. 반면 건축가와 기술가 집단은 10층짜리 아파트는 불가능하거나 무모하다고 발을 빼면서도 조건이 충족된다면 하지 못할 것도 없겠다는 양가적인 입장이었다. 박정현은 국가 프로젝트가 건축가들에게 아방가르드적 실천의 기회가 되었다고 평가하며, 이를 '국가 아방가르드'라고 명명했다.○ 그는 주로 김수근 팀이 수행한 한국종합기술개발공사의 프로젝트를 예로 삼았는데 여기에 대한주택공사의 마포아파트를 추가할 수

93

○　박정현, 「한국 현대건축에서 국가, 아방가르드, 유령」, 『국가 아방가르드의 유령』(프로파간다, 2019), 17~32쪽.

62年度 建設事業實績 內訳表　　　　單位 千圜 (千圜未滿 四捨五入)

地區別	戶型	戶數	62年度建設費(長期價)	建築工事	電氣工事	給水工事	整地造成	廠房工事	暴風砂工事	報	短期價	備考
서	9	240		2,206	405	606	185	5·11	373	4434		
울	12	240	593,547	118,800	145,418	346,260	125,614	85,844	1,066,074			
동			2,873	597	606	190	8·84	373	4673			
부	15	180	609,682	125,418	125,418	452,952	101,010	85,844	1,124,851			
산			3,441	682	908	8·84	8·59	377	4·17			
(小計)	小計	660	118,453	125,820	406,820	125,704	118,204	67,916	1,109,934			
			1,813,442	389,922	329,920	1,207,200	380,925	67,916	3,399,967			工事費는 本費 18,000圓으로 함
地	10	480	480,000	39,840	39,100	135,840			899,280	0·83		
	15	450	542,000	1,833	130	4·17	4·17		6·530			
區	18	450	808,850	87,825	4·150	197,816			1,118,560	00·58·63		
소			2,156	180		0·30			2·036			
(小計)		1,380	2,064,850	143,160	148,850	401,460			817,	00·58·6	1,145720	
計			142,500	142,480		449,480				00·58·6		
		4,020		18,400	184,100	581,190			246,000		2,767,947	
計			3,868,992	282,360	514,100		380925	246,000			4,686	

② 내한주택영단 이사장이
국토건설청장에게 보낸「62년도
건설사업계획 내역표」(1961·12·29).
출처 : 내한주택영단

94

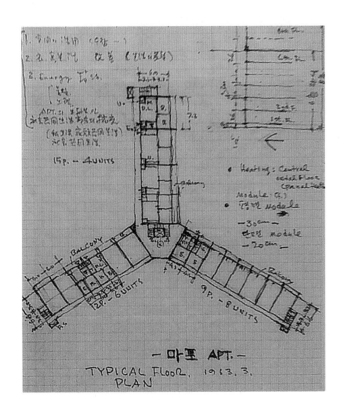

3 김희춘건축연구소에서 작성한
Y자형 아파트 기준 평면(1963·3).
ⓒ김희춘

4 　마포아파트 수세식 변기와
세면대(1962·11). 출처: 국가기록원

있을 것이다. 1960년대 초 이보다 더 급진적인 프로젝트는
없었다.

권력 집단과 기술관료 집단의 이해 일치

앞에서 언급했듯이, 새롭게 등장한 권력 집단의 관심은
무엇보다 높이에 있었다. 엘리베이터와 중앙집중식 난방은
층수가 높아지기 위해서 반드시 필요한 설비였다. 영세민들이
사는 곳이라는 이미지가 강했던 당시 아파트에 대한 인상을
불식시키기 위해서는 주택에서는 찾아볼 수 없는 최신 설비 등
기존의 예와는 확연히 다른 변화가 필요했던 것이다.○ 여기에
한정된 땅을 경제적으로 사용할 수 있는 방법이 '높이'에 있다는
논리가 더해졌다.

　'인구의 과도한 도시 집중화는 주택난과 더불어 택지
가격의 앙등을 초래하는 것이 오늘의 필연적인 추세인 만큼
이의 해결을 위해선 앞으로 공간을 이용하는 이러한 고층아파트
주택의 건립이 절대적으로 요청되는 바'였다.◎ 마포주공아파트
1단계 준공식 치사에서 박정희 의장은 토지이용률을 제고하는
견지에서 평면 확장을 지양하고 고층화를 기도했다고 선언한
터였다.

　박병주와 함께 대한주택공사에서 단지 연구를 주도했던
주종원은 1966년 구체적인 실증 데이터를 바탕으로
마포아파트의 존재 이유를 다음과 같이 역설했다.

　"현재 도화동에 세워진 마포아파트는 건설계획 당시 여러
가지 반대 의견을 물리치고 과감한 시책에 의하여 건설한
결과 오늘날 그 계획이 잘못이었다는 사람은 없을 것이다.

97

○　「위대한 세대의 증언: 주거혁명의
기수 장동운」,『월간조선 뉴스룸』
2006년 7월호 참조.

◎　대한주택공사,『대한주택공사
20년사』, 237~238쪽.

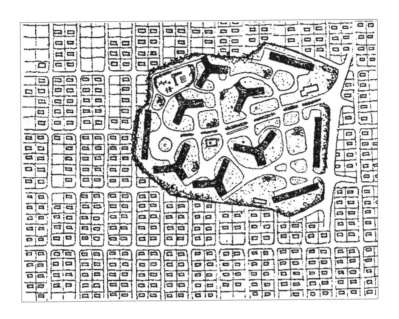

⑤　마포아파트와 단독주택의 비교도.
출처:『주택』제16호(1966년 5월)

그런데 그때 당시 단독주택을 그 대지에 지었더라면 호당
대지를 60평씩 잡아서(도로 포함) 233호에, 호당 5인으로
보아 1,165인을 수용할 수 있을 것인데, 현재 그 아파트는
10동에 642세대이고 인구는 1세대당 4인으로 보아 2,568인이
수용되고 있으며 넓은 공지와 놀이터 등 좋은 환경을 조성한 데
비해, 만일 단독주택 233호를 지었다면 다만 보행에 필요한
도로뿐이고 놀이터시설이라든가 구매시설은 없을 것이며
숨 막히는 무미건조한 주택지를 이루었을 것이다. 또 만일
현재 마포아파트 대지 1만 4,008평에 현 수용 세대수를
단독주택으로 수용한다면 다만 도로만 있는 단지로 호당
60평으로 하여도 4만 8,000평이 필요하게 되니 마포아파트가
얼마나 효과적인 계획이었나를 알 수 있다."○

박병주 역시 거들고 나섰다. "서울에 시민을 위한
중층아파트가 출현되기로는 불과 8년 전(종암아파트,
개명아파트)의 일이다. 본격적인 단지시설을 갖춘 것으로는
4년 전에 건설된 640세대의 마포아파트가 있다. 그리고
작년부터 건설되고 있는 한강변 동부이촌동의 공무원아파트로
초등학교를 중심으로 2,000세대를 수용하는 계획단지가 있다.
이제는 아파트가 우리의 신변 가까이에 있다는 느낌을 강하게
주고 있다."◎ 아파트가 단독주택에 비해 투입 비용도 적고
합리적이라는 주택공사의 입장을 적극적으로 뒷받침했다.

대한주택공사 기술이사 홍사천은 고층화 필요성을
땅의 경제성과는 조금 다른 각도에서 주장했다. 1964년
대한건축학회지인 『건축』에 기고한 글에서 그는 '인구의 도시
집중으로 인한 교통난과 주택의 절대적 부족 현상을 타파하기

○   주종원, 「커뮤니티계획에
있어서 아파트와 단독주택」, 『주택』
제16호(1966년 5월), 30쪽.

◎   박병주, 「아파트 건설과
주택사업: 주택공사가 아파트 건설
일변도로 전환한 데 대하여」, 『주택』
제19호(1967년 6월), 76쪽.

6   1958년 12월 7일 촬영한
서울 종암아파트(중앙산업 시공).
출처: 서울특별시 영상기록

7   1959년 중앙산업이
시공하여 준공한 개명아파트 전경.
출처: 『중앙가족60년사』(2006)

위해서는 도시의 입체화(고층화)가 필요'◉하다는 주장을
펼치며 르 코르뷔지에의 마르세유 유니테 다비타시옹(Unité
d'Habitation)의 예를 들어 강조했다. 1952년 르 코르뷔지에의
설계로 준공된 유니테 다비타시옹은 17층에 350세대를
수용하는 아파트다. 여러 현대적인 서비스와 다양한 사회적
교류를 의도했으며, 7~8층에는 상점 거리를 만들고 옥상에는
집회시설과 휴게공간이 있었다. 옥상에서는 지중해를 바라보고,
지면에서는 풍성한 숲길을 산책할 수 있어 '수직적 정원도시'라
불리기도 한다. 단독주택으로 350세대 규모의 주거지를
← ⑤ 조성하자면 아파트보다 약 100배의 토지가 더 필요하다는 것이
유니테 다비타시옹이 내세우는 논리다. Y자형 주거동 지하에
각종 점포와 생활편의시설 및 사무실 등을 두고 독자적인
생활이 가능한 도시의 섬을 꿈꿨던 마포아파트는 말하자면
유니테 다비타시옹의 한국 버전이었다. 비록 형태는 사뭇
→ ⑨
⑩ 다르지만 말이다.

　　　도시를 수평으로 끊임없이 확장하는 것을 전제로 하는
단독주택 보급 정책은 교통난과 공원 침탈 등의 문제를
일으키기에, 대안은 '도시의 입체화'라는 생각이 1960년대
서구와 일본을 중심으로 확산되고 있었다. 단순히 고층으로
높이는 것이 아니라 입체적인 도시로의 전환을 꾀했다. 예를
들어 1층은 차도, 2층은 인도, 2~4층은 상가와 점포, 사무소를
두고 그 위에는 아파트를 두는 방법 등이 제시되었다. 이를 통해
직주근접 효과를 기대할 수도 있었다.

　　　홍사천은 고층화에도 난점은 있다면서 "무작정으로
고층화된다면 미국의 도시 같은 함정에 빠지게 될 것이다.
→ ⑪ 이상적인 것은 소규모 단지계획을 지양하고 대단지로
구성하듯이 도심부의 한 큰 구역을 서로 연관 있는 한 단위로

◉　　홍사천,「주택문제 잡감」,『건축』
제8권 제1호(대한건축학회, 1964),
7~12쪽.

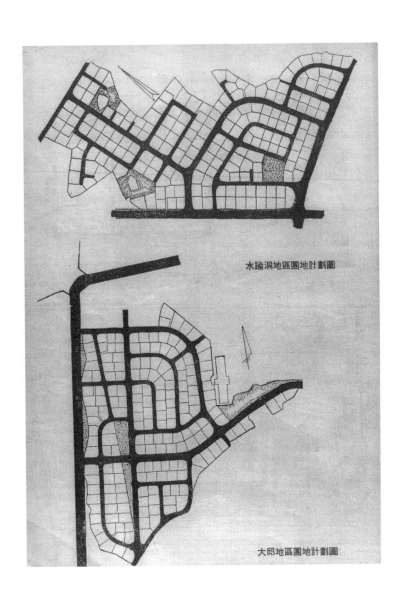

水踰洞地區團地計劃圖

大邱地區團地計劃圖

8 　도시계획가 박병주가 생각하는
'단지'의 사례. 출처: 『주택』
제1Ø호(1963년 6월)

9 마르세유 유니테
다비타시옹(2014·8). ⓒ박철수

104

10　마포아파트 A형(一자형) 주거동
입면 상세. 출처: 대한주택공사 홍보실

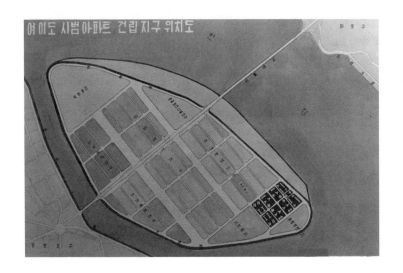

11 홍사천이 설립한
서울합동기술개발공사가 제안한
「여의도시범아파트계획」(1970·7).
출처: 서울도서관

고층화시키는 '슈퍼블록 시스템'인데, 명동이면 명동 한 구역을 종합적으로 계획해 나가는 것인데, 앞날에 기대할 수밖에 없다"○고 주장했다. 슈퍼블록에 의한 입체도시 구현, 그리고 대규모 단지화 전략이 핵심이라는 설명이다. 이 슈퍼블록 중심의 입체적인 개발 계획은 이후 본격화되는 도심 재개발의 기본 방침으로 자리 잡는다.◎

또 홍사천은 다른 글에서 주거지의 이상은 지구 전체를 계획하는 것이라면서, "지구마다 중앙에 초등학교가 있고, 점포가 있고, 통행인과 자동차도로가 분리되어 어린이나 어른이나 모두 즐거운 '커뮤니티' 생활을 함으로써 주택의 생산성"◉을 높일 수 있다는 입장을 거듭 밝혔다. 대지의 활용이나 수용 인구 면에서 마포아파트가 월등히 효율적인 계획이라는 주장이자 결론인 동시에 향후 대단지 개발 및 재개발로 아파트를 공급하는 정책을 예견하는 주장이었다.

건축가 강명구는 마포아파트 설계 작업에 직접 참여했던 경험을 바탕으로 「공동주택 건설의 문제점」을 짚은 바 있다. 그의 주장은 "고층주택이 도시 형태로나 토지의 고도 이용상 또는 거주 환경상으로나 시설의 공동 설치로 보아 확실히 큰 이점이 있다는 점은 누구나 다 이해하고 확신할 수 있는 일"이라 단정했다.● 이어 그는 자신이 마포아파트 건설에 참여할 수 있었던 것은 '혁명정부의 강력한 정책 반영으로 주택공사의 영단을 얻어 꿈에만 그리던 고층주택의 실현에 이르게 된 것'이며, 앞으로도 '한층 강력한 주택 정책이 필요'하다고 역설했다. '한층 강력한 주택 정책'이 무엇인지는 구체적으로

○   같은 글, 10쪽.

◎   그러나 이 슈퍼블록 개발 방식은 이해관계가 복잡하게 얽힌 도심 재개발에서 좀처럼 작동하지 않았고, 1980년대 개별 지구별 개발 방식으로 전환된다. 이에 대해서는 박정현, 『건축은 무엇을 했는가』, 4장 참조.

◉   홍사천, 「도시와 주택 정책」, 『주택』 제17~18호(1966년 12월), 15쪽.

●   강명구, 「공동주택 건설의 문제점」, 『주택』 제9호(1962년 8월), 49쪽.

알 수 없다. 그러나 마포아파트 설계와 건설에 참여한 경험은 앞서 언급한 기술 관료와 건축가 들의 욕망을 더 크게 부풀렸다. 마포아파트에 버금가는 기회가 건축가들에게 마땅히 주어져야 한다는 기대를 드러낸 것이다.

1,000세대 10층 아파트 11개 주거동

"1953년 휴전 당시에 미국의 공병학교 고등군사학교 교육을 받으러 갔다가 아파트 단지들이 나온 잡지들을 보고는 우리도 땅덩어리가 좁으니까 아파트로 올라가자 생각했고, 단지를 짓는다는 개념도 없던 시절이었지만 엘리베이터와 수세식 이런 걸 하고, 전기는 주지만 난방이 안 되는 까닭에 을지로에 가서 연탄보일러를 알아봐 설치하면서 젊은 사람들이 아파트에 많이 살 것"○이라고 생각했다는 장동운 총재의 마포주공아파트에 대한 기억과 술회는 어디까지 진실일까? 1953년의 기억이라기보다 주택공사에서 수많은 아파트를 짓고 난 뒤의 경험과 기억이 뒤섞인 사후적 재구성일 가능성이 클 것이다. 그렇다고 하더라도 그가 미국에서 본 건물은 무엇일까?

워싱턴에서 고등 군사교육을 받던 1953년에 잡지나 TV를 통해 봤다는 아파트가 마셜 플랜에 의한 유럽의 전후 복구사업이 아니라 혹시 일본계 미국인 건축가 미노루 야마사키가 설계한 세인트루이스의 프루이트 아이고 공영주택은 아니었을까. 1951년부터 공사가 시작되어 1954년

→ [13]

○　장동운과 KBS 백승구 기자의 2005년 인터뷰 녹취록 해당 부분 발췌 요약. 1962년 6월 22일 작성된 장동운의 경력 발췌서(국가기록원 소장)에 따르면, 장동운은 1949년 5월 23일 육군사관학교를 졸업한 뒤 한국전쟁에 참전했다가 1952년 11월 육군공병학교 II등 군사반을 졸업하자마자 미국으로 가 1953년 11월 미국육군공병학교 II등 군사반을 마쳤고, 1958년 3월에 경희대학교 법과대학을 졸업했다.

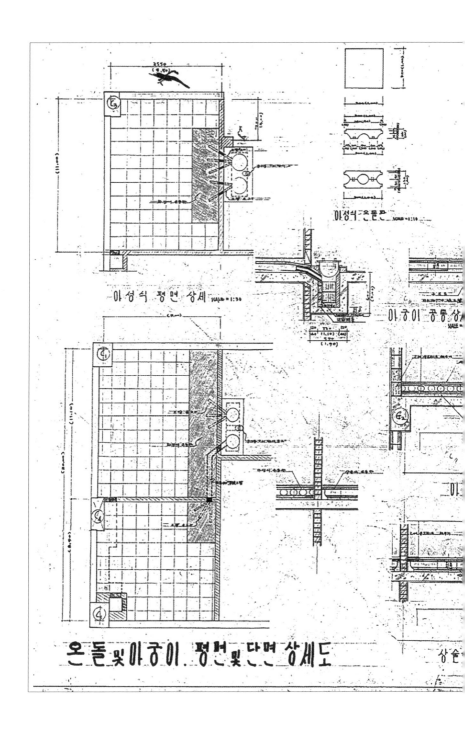

12 　마포아파트에 채택해 적용한
시멘트로 제작한 아궁이의 평면과
상세도. 출처 : 대한주택공사

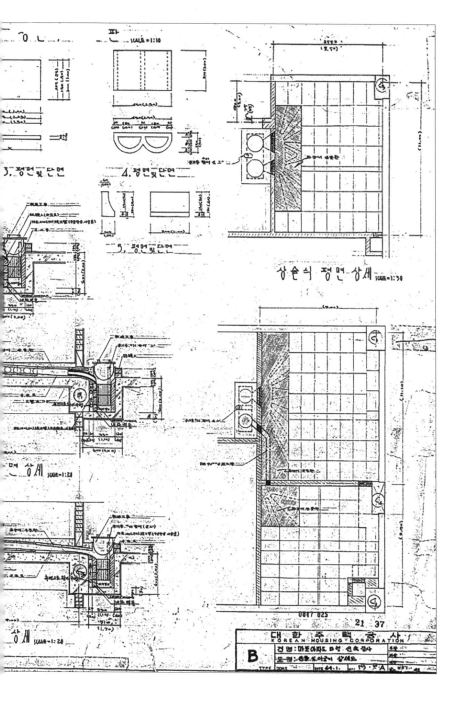

상순식 평면상세 SCALE=1:30

13   프루이트 아이고 공영주택단지
일대 사진. 출처 : *The Pruitt-Igoe Myth
an Urban History*

14   왼쪽부터 마포아파트 A, B,
C형 아파트 모형. 출처 : 『주택』 제7호
(1961년 12월)

첫 입주를 한 프루이트 아이고는 미국에서는 드물게 시 정부가
저소득층의 주거 문제를 해결하기 위해 나선 프로젝트로
큰 화제를 불러일으키며 대대적으로 홍보되었기에 가능성은
충분하다.○ 그러나 이를 정확히 확인할 길은 없다. 또 다른
궁금함이 있다. 장동운이 젊고 유능한 공병장교였다 하더라도
건축 전문가는 아니었고, 또 고등군사훈련을 받는 동안 가까운
미래에 대한주택영단의 이사장이 될 것이라는 짐작도 하지
못했을 것이다. 그런데 어떻게 A형(一자형), B형(T자형),
그리고 C형(Y자형) 3가지 유형에 10층짜리 11개 주거동으로
5,000명 정도가 집단적으로 생활할 수 있다는 적정 밀도를
산출할 수 있었을까? 대한주택영단 또는 육군공병단 등에
조력자가 있었을 것이라고 짐작할 수밖에 없다.◎ 이 이름 역시
확인할 수 없다. 어떤 전문가도 상상하지 못한 일을 "혁명"

○ 11층짜리 공동주택
33동이 지어진 프루이트 아이고
공영주택단지는 르 코르뷔지에가
주도하는 CIAM의 유럽식
모델을 도입한 대단위 공공주거
단지계획으로 초기에는 저소득층의
파라다이스라는 호평을 받았다.
그러나 세인트루이스시의 재정 악화로
유지·관리에 어려움을 겪으면서
범죄와 마약의 온상지로 변했다는
비판을 받은 뒤 20년 만인 1972년 3월
16일 철거되었다. 건축역사학자인
찰스 젠크스(Charles Jencks)가
프루이트 아이고 해체를 두고
'모더니즘의 종언'이라 비평했던 것처럼
건축사적으로는 포스트모더니즘의
등장을 암시하는 사건으로 자주
언급된다. 프루이트 아이고의
실패와 치유 방법을 도시사회학적
관점에서 논한 것으로는 에릭
클라이네버그, 『도시는 어떻게 삶을
바꾸는가』(웅진지식하우스, 2019),
85~91쪽 참조.

◎ 물론 이러한 추측에도 불구하고
전혀 다른 경로와 과정을 통해 서구의
도시건축 이미지가 장동운의 기억에
잔상으로 남아 작동했을 수도 있다.
일례로 이승만 대통령이 1958년에
서울의 주요 간선도로 13곳에 대해
'상가주택' 건설을 지시하며 '덕국(德國,
독일)의 백림(伯林, 베를린)'을 참조
선례로 콕 집어 언급했듯이 제2차
세계대전 후 서독의 혁신적인 헌법
작성이나 마셜 플랜과 같은 정치적,
경제적 조치의 결과에 대해 미국 등이
이를 '20세기의 가장 위대한 기적'이라
언급한 사실이 새로운 냉전체제하에서
텔레비전이나 잡지 등 다양한 매체를
통해 반복 유포되면서 '유럽의 마셜
플랜' 이미지로 공고해진 것은 아닐까
하는 추론도 가능할 것이다. 이와
관련해 박철수, 『박철수의 거주박물지』
(도서출판 집, 2017), 13~32쪽 및 우디
그린버그, 『바이마르의 세기』, 이재욱
옮김(회화나무, 2018), 18~21쪽 참조.

주체 세력이 직접 진두지휘했다는 신화는 이 이름을 영원히
지웠을 것이다.

　　1961년 12월에 발행한 대한주택공사의 기관지『주택』
제7호에는 10층의 아파트 주거동 11개가 마포형무소 노역장
부지를 꽉 채울 듯 들어선 모형 사진이 게재됐다. 같은 잡지
화보에 별도로 소개한 '마포아파트 조감도'를 그리기 위해
만든 모형이다. 대한주택영단의 실무자와 자문위원들이
모여 함께 만들어낸 '공동설계'의 최초 결과물이자 최초
계획안 모형이었다. 서울대학교 건축공학과 교수였던 김희춘,
홍익대학교 건축학과 교수였던 강명구와 정인국, 훗날
정부종합청사 설계경기에서 당선되는 등 3공화국의 대표적인
건축가로 활동한 나상진, 건축가 김종식, 구조 전공으로
한양대학교 교수였던 함성권 등이 자문위원으로 참여했다.
전기나 구조 등 설계 이외 분야는 전체를 전문가의 자문 등으로
해결했고, 주거동은 A, B, C형 등 타입별로 여러 건축가에게
나누어 주어진 시간 내에 설계를 마무리하도록 채근한 것으로
보인다. 이렇게 서둘러 마무리한 결과를 마포형무소 노역장
터에 순서에 따라 부랴부랴 배치한 것이 바로 이 모형이다.　　← 14

마포아파트 최초 구상: A형, B형, C형

대한주택공사의 마포아파트 신축공사 설계도 및 각종
설계 관련 기록물과 문건들,『대한주택공사20년사』와
『대한주택공사30년사』, 장동운과 엄덕문의 인터뷰 등을
종합하면 초기 구상안에 대한 기본설계가 마무리된 시점은
1961년 9월로 추정할 수 있다.

　　자문위원회를 1961년 7월에 구성한 후 3개월 만에 설계를　　112

완료했다고 했던 엄덕문의 증언과도 부합할 뿐 아니라 당시
구조계장이었던 조항구 기술이사의 기억과도 일치한다. 물론
가장 중요한 근거 가운데 하나는 도면에 표기된 날짜다.
10층짜리 주거동 설계 도면의 대부분이 1961년 9월에
작도된 것으로 표기되어 있다. 이와 함께 마포아파트 1단계
임대아파트 6개 동의 Y자형 주거동이 10층에서 6층으로 설계
변경되는 시점 역시 1961년 9월로 추정할 수 있다. 김희춘
건축설계연구소에서 작성한 C-1형(Y자형) 주거동 층수가
10층에서 6층으로 낮아진 설계변경 도면에 1961년 9월로
표기되어 있기 때문이다.

　　　따라서 대한주택영단 내부에서는 1961년 9월에 10층의
마포아파트 초기 구상안 기본설계를 마무리하면서 이를 그대로
추진할 경우 부딪힐 기술적 한계를 심각하게 인식했거나,
USOM과의 실무협의 과정에서 맞닥뜨린 부정적인 태도 등을
초기부터 감지하고 있었던 것으로 보인다. 물밑으로 이미
6층으로 설계를 변경하는 작업이 이루어지고 있었던 것이다.
이런 속사정에도 불구하고 대한주택영단은 그로부터 3개월이나
지난 12월 20일에 발행한 『주택』 제7호 표지에 10층의
마포아파트 조감도를 과감하게 사용했으며, 여러 장의 화보를
통해 아파트 모형 사진과 투시도를 게재하는 등 10층 높이에
대한 희망을 놓지 않았다. 이미지를 통한 홍보는 현실과 달랐던
것이다.

→ 15

　　　마포아파트 최초 설계는 1961년 9월 마무리됐다. 一자형
10층 주거동은 흔히 'A형'으로 불렸는데, 두 가지 서로 다른
유형이 만들어져 A-1형 설계는 나상진건축설계사무소가
맡았으며, A-2형은 김종식건축연구소가 담당했다.○ 이후

113

○　김종식은 1957년 3월 15일부터
1958년 10월 31일까지 대한주택영단
건설이사를 역임했다. 그의 후임이
엄덕문이다.

15 『주택』제7호(1961년
12월) 표지에 실린 10층의 마포아파트
조감도. 출처 : 한국토지주택공사
토지주택박물관

16　마포주공아파트 A형
주거동(1965·3). 출처: 국가기록원

17　마포주공아파트
B형 주거동 일반층 평면도(1961·9).
출처: 대한주택영단

10층에서 6층으로 낮아지면서 1963년 7월 대한주택공사가 최초 설계자와의 협의를 거쳐 최종 준공 설계를 마무리했다고 할 수 있다.

대한주택공사의 실무진이 설계를 완성했지만 최종적으로는 구현되지 못한 주거동이 있는데 모형 사진의 중간 부분에 자리한 T자 모양의 10층짜리 주거동으로 당시 이를 'B형'으로 불렀다. 모형 사진을 통해 알 수 있듯 초기 구상에는 2개 동의 B형 아파트가 단지 중앙에 배치되어 있었으나 1964년 5월 14일에 개최된 대한주택공사 제8차 이사회에서 "(B형은) 구조상 결함이 있고, 건평이 크므로 분양을 고려하여 A형 아파트 3동으로 변경"하기로 의결하는 바람에 B형 주거동은 도면으로만 남았다.○ ← 17

마포아파트를 상징하는 주거동은 Y자 모양의 'C형'이다. 엄덕문은 구조적으로 Y자형이 튼튼하다면서 一자형은 바람을 많이 받는 반면 Y형은 강한 바람이 불어도 압력이 분산돼 역학적으로 유리하다고 밝혔다.◎ 'C형'은 'A형'과 마찬가지로 두 가지가 제안됐다. 이 가운데 Y자 모양의 날개가 모두 편복도형을 이루는 C-1형은 김희춘건축설계연구소에서 설계했으며, Y자 날개 모두 중복도 형식을 취하는 C-2형은 대한주택공사가 설계를 맡았다. Y자 모양의 주거동 역시 최초 설계와 달리 10층에서 6층으로 축소되면서 마무리됐다. 결국 C형 두 개와 A형이 살아남아 약간의 수정을 거쳐 마포주공아파트단지를 채운다.◉

○ 대한주택공사, 「제11차 이사회 회의록」 중 의안 제2호 '마포아파트 건설사업 계획'(1964·3).

◎ 「위대한 세대의 증언: 주거혁명의 기수 장동운」, 『월간조선 뉴스룸』 2006년 7월호.

◉ 마포아파트 최초 설계 과정에서 주거동의 각각 다른 형태에 A, B, C형이라 명명한 것은 좀 더 생각해볼 여지가 있다. 일본주택영단의 '51C'형 표준설계가 떠오르기 때문이다. 51C형이란 일본이 패전 후인 1951년에 이상적이자 현실적인 보통 공영주택을 궁리한 끝에 16평형(A형), 14평형(B형), 12평형(C형)을 고안했는데, 이 가운데 일본주택영단이

마포주공아파트는 짧은 기간에 무수한 전문가와 기술자가 동시에 동원되었다. 이런 이유로 자신이 마포아파트 설계자임을 자처하고 나선 이도 적지 않았고, 그런 까닭에 마포주공아파트 설계자는 과연 누구인가 의견이 분분했다.●

→ [18] 마포아파트 최종 준공 이후 촬영한 항공사진을 살펴보면, 오른편의 Y자형 6층 주거동 3동은 C-1형으로 설계는 김희춘 건축설계연구소가, 건축 시공은 신광건설주식회사가 맡았다. 왼편의 Y자형 3개 주거동 C-2형은 대한주택공사가 주로 설계를 맡았고, 주식회사 신양사와 건설산업주식회사가 시공 책임을

가장 작은 C형을 전국적으로 널리 보급하면서 일종의 별칭처럼 굳은 용어. 거실이 없어 흔히 DK형으로 불리는데, 식사공간을 갖춘 넓은 부엌을 둠으로써 소위 먹는 곳과 자는 곳의 공간적 분리(식침분리)를 꾀했다. 이후 DK는 LDK로 진화했고, 이는 침실의 수가 몇 개인지를 부기한 nLDK 형식의 토대가 됐다. "1962년 설립된 대한주택공사가 지은 아파트에도 51C의 계획 개념이 그대로 적용되었다"고 손세관은 해석한다(『집의 시대: 시대를 빛낸 집합주택』[도서출판 집, 2019], 290쪽). 한편 대한주택공사는 "1962년도에 건설한 12평형의 예를 들며, 이 경우는 리빙룸이 특이했는데 그것은 침실들이 완전 분산 독립되어 있는 평면에서 유일한 공공공간이라고 했다. 또한 그것이 때론 휴식공간도 되고 객실도 되고 식당도 되도록 설계되어 있었다고 설명했다. 이 평면에서는 부엌과 욕실을 한군데로 집중시켜 설비비를 절감하였고 반침 등을 두어 별도로 가구가 필요 없게 만들었으며 연탄가스를 배출시킬 굴뚝의 위치도 적절하게 잡았다"(『대한주택공사 20년사』, 360쪽)고 기록하고 있다. 이 설명을 따른다면 마포아파트 평면과 일본의 51C형과의 관련성은 거의 없다고

보아야 할 것이다.

● 서울역사박물관 의뢰로 정재은 영화감독이 기획한 「최초의 설계자들」이라는 영상물 촬영 현장에서 관련자 증언을 겸한 인터뷰에 초대된 대한주택공사 조항구 구조계장(후일 기술이사)은 2019년 2월 20일의 구술 이후 기억을 다시 정리해 새롭게 알려주었다. 마포아파트에 대해 주택공사 내부에서는 장동운 총재-엄덕문 건설부장-임승업 공사과장-조항구 구조계장이 주로 의사 결정과 실무 책임을 맡았으며, 외부 자문위원으로는 김희춘(서울대 건축공학과 교수), 정인국(홍익대 건축과 교수), 나상진(나상진 건축설계사무소장), 함성권(한양대 건축공학과 교수), 김창집(홍익대 건축과 교수) 등이 있었다. 이들 자문위원은 마포아파트 설계자문위원 이후 중앙정보부가 주도했던 워커힐 지역개발 사업에 다시 참여였다. 당시 일본으로 휴가를 가는 주한 미군들이 한국에서 달러를 쓸 수 있도록 유도하기 위해 워커힐 주변을 휴양지로 만드는 사업이었다. 엄덕문에 따르면 "당시 워커힐 호텔에서 남한산성까지 케이블을 설치할 계획이었는데 워커힐 비자금 사건으로 수포로 돌아갔다".

麻浦 아파트

18 　마포주공아파트단지
주거동 항공사진.
출처 : 『대한주택공사주택단지총람
1954~1970』(1979) 화보 위 별도 표기

맡았다. 한편, 一자형 주거동은 김종식건축연구소가 설계를
담당했는데 건축 시공은 문건을 통해 정확히 확인하지 못했지만
현대건설과 남광토건주식회사가 대지 조성과 토목공사를
맡았던 것으로 미루어 건축공사 역시 이들이 담당했을
것으로 추정된다. 최종 채택된 Y자형 주거동 6개로 이루어진
마포주공아파트 제1단계 공사는 1962년 8월 31일부터 1962년
11월 28일까지 진행됐으며, 一자형 주거동은 1964년 11월
7일 착공해 1965년 5월 12일 준공했다.○ 정리하자면, 1차로
Y자형 6개 동을 마무리한 뒤 一자형 4동이 추가돼 최종 준공이
이루어졌다.

제1차 5개년 주택건설계획

1961년 10월 16일 경제기획원은 이듬해 시작되는 제1차
경제개발5개년계획의 주택 부문 사업계획 수립을 위해
대한주택영단으로 하여금 「5개년 건설계획 및 마포아파트 사업
개요」를 제출할 것을 요청했다. 이에 대한주택영단은 회신
공문을 작성하고 내부 검토를 거쳐 1961년 11월 18일 장동운
이사장의 최종 결재를 받았다.

이 문건에는 정부의 제1차 5개년 주택건설계획에 부응하기
위한 대한주택영단의 5개년 건설계획◎과 함께 「마포아파트

○ 대한주택공사, 「1962년
마포아파트 신축 건축공사
1~2차 3공구, 5공구, 6공구 준공조서」,
「1963년 마포아파트 추가공사(도면)」,
「1964년 마포 A형 아파트 신축
토목공사 준공 검사보고서」, 「1964년
마포아파트 건평 내역 통보」, 「1965년
공사 준공 검사보고서」 등의 문건
내용을 서로 비교, 참고한 것이다.
그러나 1차 건설사업 착공이 1962년

8월 31일이라는 내용은 문건으로 확인된
것이지만 실제 공사 진척도와는 다소
차이가 있을 수 있다. 국가기록원의
마포아파트 건설 현장 사진에서는
1962년 8월 20일경 이미 6층 주거동의
골조공사가 마무리된 것을 확인할 수
있다.

———

◎ 대한주택영단은 이미 5년 전인
1956년에도 '주택건설5개년계획'을

119

사업계획」이 담겼다. 정부의 제1차 경제개발5개년계획
1차 연도인 1962년에 단독주택 1,842호,○ 아파트 1,158호
등 3,000호를 공급한다는 계획이었다. 아파트는 9평형
498세대, 12평형 400세대, 15평형 260세대를 공급한다는 것이
골자였다. 그런데 이는 10층짜리 주거동 11동으로 이루어진
마포주공아파트 초기 구상안의 내용을 그대로 반영한 것이었다.
일부에서는 이미 설계변경의 움직임이 감지되고 있었음에도
불구하고 정부 계획안으로 최초의 마포아파트 건설 구상이
채택된 것이다.

　　　이에 따라 1962년 아파트 건설사업은 마포아파트
물량으로만 충당했다. 5개년건설계획의 1차 연도인 1962년에
아파트 건설을 위해 확보해야 할 대지는 1만 9,773평으로
추산했는데 마포아파트 건설 부지가 1만 8,976평에 달했기
때문이다. 대지 확보 및 아파트 건설 비용은 모두 융자금으로
충당하도록 계획했으며, 해당 융자금의 상환은 연이율
6퍼센트로 10년간 상환하되 1년의 거치 기간을 두고 나머지
9년간 연 2회씩 나눠 모두 18회 상환으로 완료한다는 것이었다.
융자금 상환을 위한 재원은 입주자가 내게 될 임대료를
상정했기 때문에 마포아파트 1단계 사업은 분양을 배제한 임대
사업이었음을 짐작할 수 있다.◎

수립했었다. 당시 계획에 따르면
5년 분할 상환에 의한 분양을 전제한
주택과 달리 아파트는 임대가
원칙이었다. 건설할 아파트의 규모는
동당 건평 9평의 주택 50호가 들어갈
10동이었다.

────────────

○　　단독주택은 9평, 12평, 15평,
18평, 20평형으로 구성되었다.

────────────

◎　　마포아파트 1차 준공분
임대아파트 450세대는 입주 후
5년이 경과한 1967년 8월 분양으로
전환하기 시작했으나 입주자

대표인 김광택을 중심으로
분양대책투쟁위원회가 꾸려졌다.
이들은 분양 가격은 「공영주택법」
제11조, 「공영주택법시행령」 제3조에
의한 가격에서 감가상각을 한 가격을
초과할 수 없으며, 융자 금액의 상향과
함께 공무원, 회사원, 교원, 군인,
기타 등 일시에 지불할 수 없는 계층에
대한 처사가 가혹하다고 주장하며
10월 7일 대한주택공사와 국회 등에
진정서를 제출했다. 이에 분양 조건을
일부 조정한 뒤 1967년 11월부터 분양이
시작되었다. 대한주택공사, 「제63차
이사회 회의록」(1967·11·18.).

120

당시 계획안은 '정부 주택 건설의 일환으로 교통이 빈번한 도심지의 밀집된 주택가에 위치한 부지를 최대한 활용해 대량의 주택을 건설하되 문화시설을 유기적으로 함께 사용하고 위생적인 설비를 갖춰 생활 개선을 도모하는 동시에 내화구조 건축물로 도시미관을 고양하는 11동의 아파트를 건설'●하는 것이었다. 건설 호수는 9평형 498호, 12평형 400호, 15평형 260호 등 모두 1,158세대로, 1961년 10월 1일 착공해 15개월의 공사 기간을 거쳐 준공하는 것이 목표였다. 1961년 12월 발행된 대한주택영단의 기관지 『주택』 제7호에 실린 마포아파트 모형 사진에 10층짜리 주거동 11개의 모습이 바로 그것이다. 아직 설계변경이 이루어지지 않았던 마포아파트 초기 계획은 신생 정부의 5개년 주택계획이 되었다.

●　대한주택영단, 「마포아파트 사업계획」(1961·11). 이 내용은 정치적 함의를 완전히 배제한 것이어서 같은 아파트 건설사업에 대해 "마포아파트단지는 정부의 제1차 경제개발5개년계획의 주택사업 중 일부로서 책정된 것인데, 그 목표는 국민의 재건의식을 고취하고 대내외에 건설상을 과시하며 (…) 수도미화에 공헌하여 근대문명의 혜택을 국민에게 제공함으로써 대북 선전전(宣傳戰)의 효과를 도모"(대한주택공사, 『대한주택공사20년사』, 236쪽)했다는 내용과 다른 느낌으로 읽힌다.

5

총력 설계 체제가 만든 3가지 주거동

마포주공아파트 최초 구상안은 1961년 10월 무렵까지 여전히
유효했고, 그해 막바지에 입안된 제1차 경제개발5개년계획의
주택 부문 핵심과제에도 그대로 반영, 책정됐다. 최초 설계안은
앞에서 언급한 대로 크게 3가지 유형의 주거동으로 구성되어
있다. 이를 각각 구체적으로 살펴보면 다음과 같다.

一자형(A형)

'A형'으로 불리기도 한 '一자형 주거동'은 2가지 유형이
만들어졌다. 이 가운데 A-1형은 나상진건축설계사무소가,
A-2형은 김종식건축연구소가 각각 설계를 맡았다.
　　A-1형은 편복도형 진입 방식을 취한 경우로 한 층을
이루는 10세대가 엘리베이터 홀을 겸한 코어를 중심으로
정면에서 볼 때 좌측 4세대, 우측에 6세대씩 비대칭적으로
배치되어 있고, 점포 등을 부설하기 위한 지하 한 층이 마련되어
있었다. 한 층을 이루는 10세대는 9평형으로 모두 침실 하나에,

거실, 부엌, 욕조와 좌식 변기를 갖춘 화장실까지 동일하게 구성했다. 예외가 있다면 옥외 비상계단이 없는 쪽 끝 세대의 침실이 약간 큰 정도인데, 이는 현관 앞까지만 복도를 두고 현관 옆 침실을 복도 폭만큼 확장했기 때문이다.

→ 1 2 3 4 5

　　이에 비해 A-2형은 각 층에 15평형과 12평형 8세대가 들어갔다. 중앙에 위치한 엘리베이터 홀을 중심으로 좌우에 크기가 다른 15평형-12평형이 짝을 이루며 4세대씩 배치됐다. A-1형의 단위주택 평면이 전형적인 1LDK였다면 A-2형의 단위주택은 여기에 침실이 하나 더 추가된 2침실형으로, 2LDK의 전형을 보여준다. 또 A-1 단위주택 발코니가 복도 측 반대편에 위치하며 단위주택 전면 폭(frontage) 모두를 활용하는 방식이었다면, A-2의 경우는 거실 폭에 해당하는 길이로만 발코니를 설치했다. A-1형의 9평형에 비해 상대적으로 넓은 규모였기 때문이라 추측할 수 있다. 1층 출입구엔 경비실을 겸한 관리사무실이 들어갔고, 지하실에는 세탁소와 이발소는 물론 식당이며 각종 점포가 들어설 수 있도록 구획했고, 사무실과 창고, 전기실 등의 공간도 마련되어 있었다.

→ 6 7 8 9 10 11 12

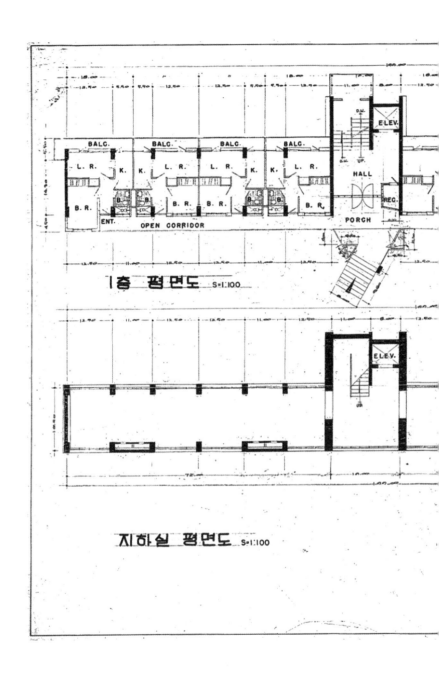

1 　마포아파트 A-1형 1층 및 지하실
평면도(1961·9). 출처 : 대한주택영단

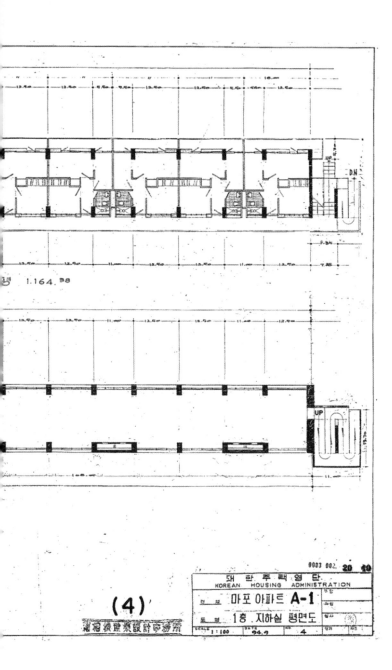

1.164.⁹⁸

0003 002. 20 40

대 한 주 택 영 단
KOREAN HOUSING ADMINISTRATION

(4)

마포 아파트 A-1

1층 . 지하실 평면도

SCALE 1:100   DATE 94.2   4

종합건축연구소

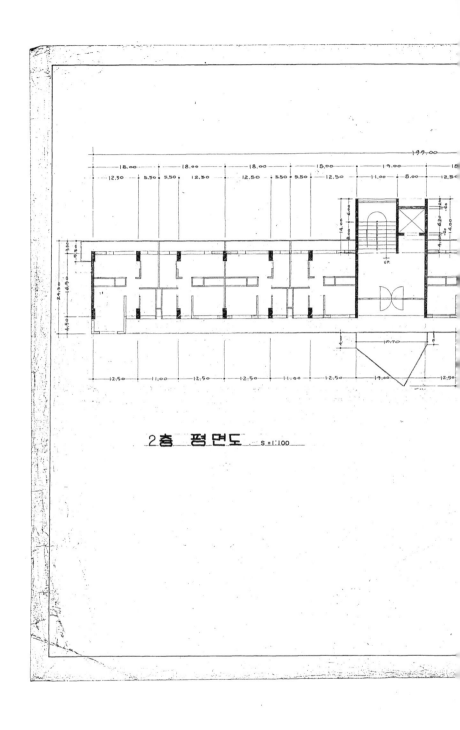

2층 평면도 S=1:100

2 마포아파트 A-1형 2층
평면도(1961·9). 출처 : 대한주택영단

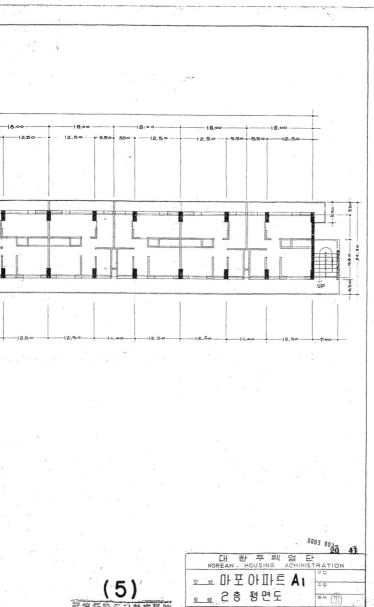

關根建築系設計事務所

0003 003
20 4

대 한 주 택 영 단
KOREAN HOUSING ADMINISTRATION

건명 마포아파트 A₁

도명 2층 평면도

| SCALE 1:100 | DATE 94-9 | NO. 5 | 설계 | 제도 |

남측 입면도 S=1:100

3 마포아파트 A-1형 남측
입면도(1961·9). 출처 : 대한주택영단

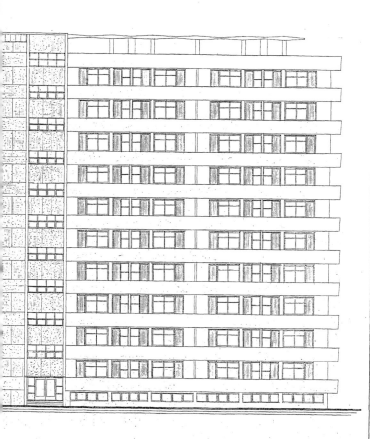

0047 015

20 38

(2)

羅相振建築設計事務所

대 한 주 택 영 단
KOREAN HOUSING ADMINISTRATION

건 명 마포아파트 A₁

도 명 남측 입면도

SCALE 1:100 DATE 94.9 NO. 2

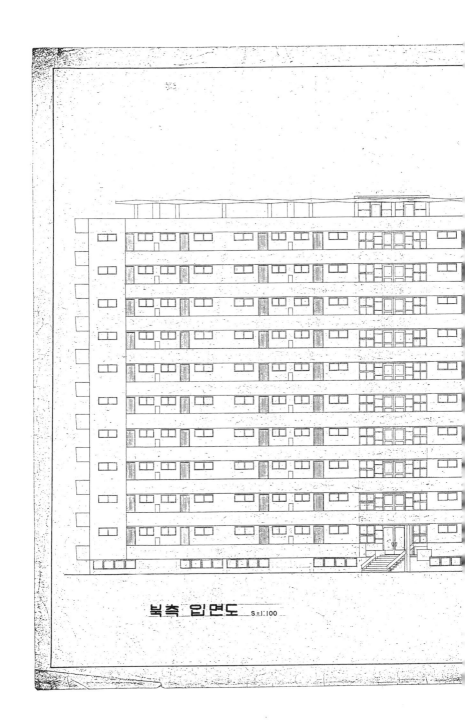

북측 입면도 S=1:100

마포아파트 A-1형 북측
입면도(1961·9). 출처: 대한주택영단

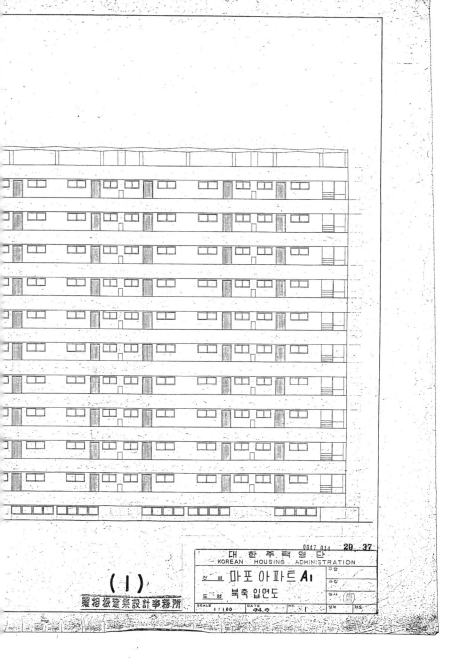

(I)

麗相建築設計事務所

0047 014 **20 37**

대 한 주 택 영 단
KOREAN HOUSING ADMINISTRATION

건 명	마포아파트 **A₁**	과장	
도 명	북측 입면도	검사	
SCALE 1 : 100	DATE 94.2	NO. 1	설계 제도

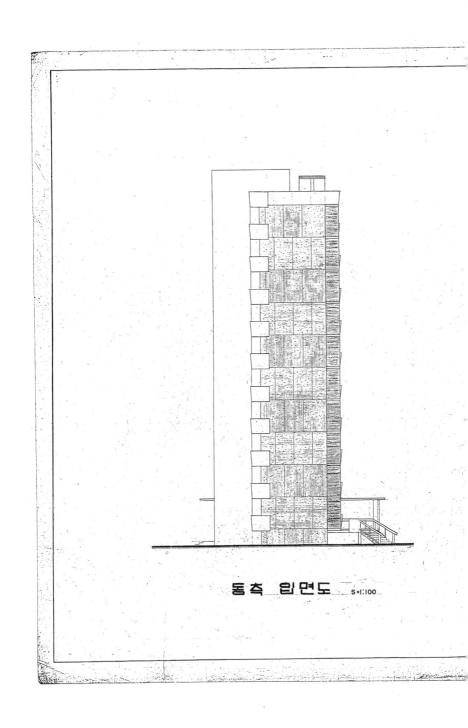

동측 입면도 S=1:100

5 　마포아파트 A-1형 동측 및 서측
입면도(1961·9). 출처: 대한주택영단

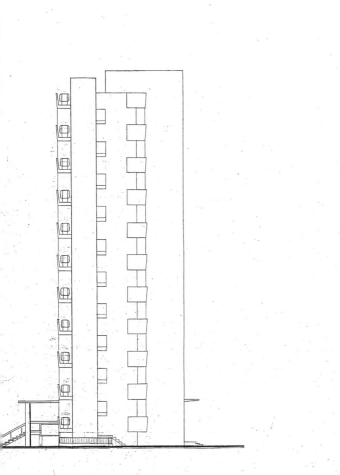

서측 입면도 S=1:100

(3)

0047 016

20 39

대 한 주 택 영 단
KOREAN HOUSING ADMINISTRATION

건물	마포 아파트 A₁	구장	
도별	동측. 서측 입면도	과장	
		심사	
SCALE 1 : 100	DATE 94. 9	NO. 3	설계	제도

綜合建築設計事務所

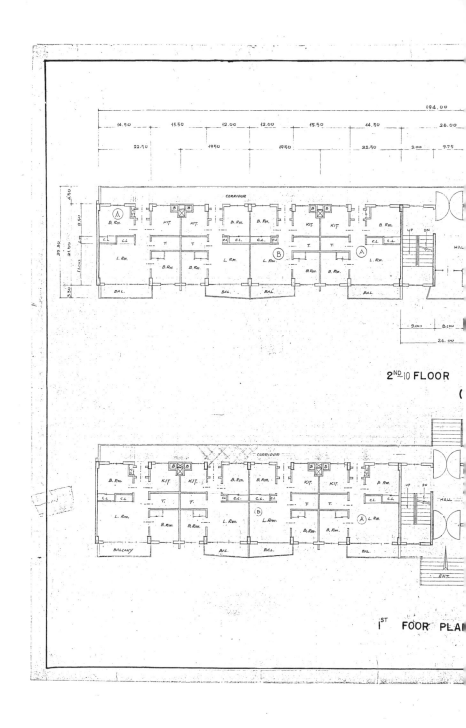

6　마포아파트 A-2형 1층 및 2층 이상
평면도(1961·9). 출처 : 대한주택영단

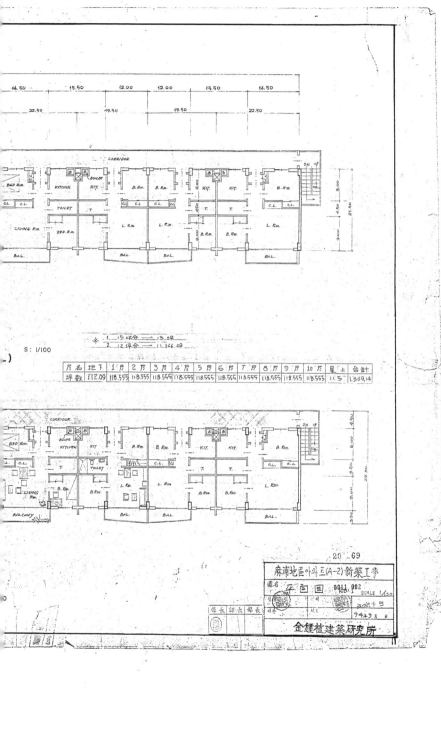

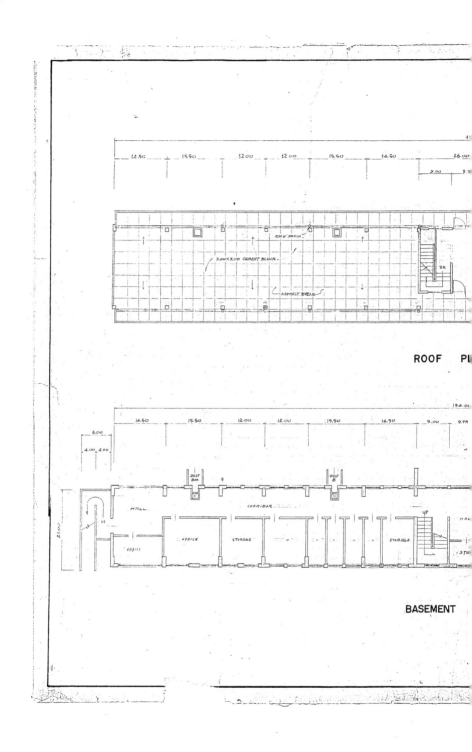

ROOF PL

BASEMENT

7 마포아파트 A-2형 지하층 및 지붕층
평면도(1961·9). 출처 : 대한주택영단

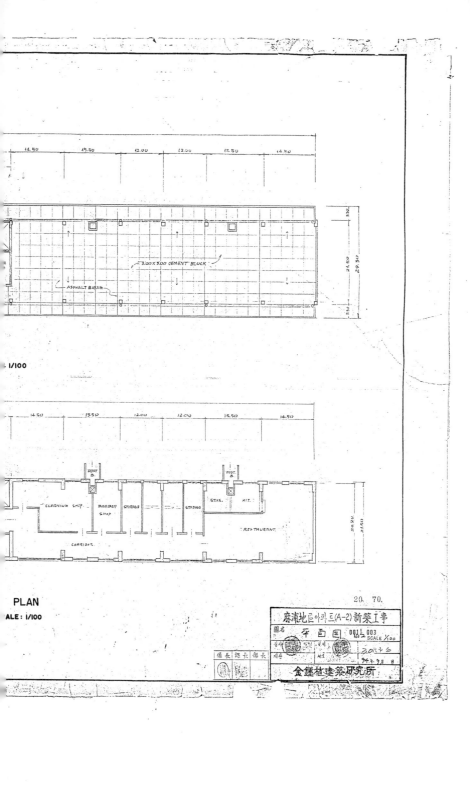

PLAN
ALE: 1/100

1/100

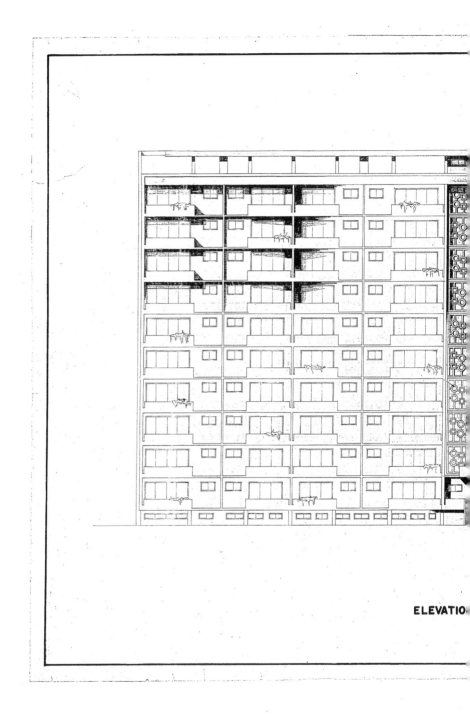

ELEVATIO

8   마포아파트 A-2형 남측
입면도(1961·9). 출처: 대한주택영단

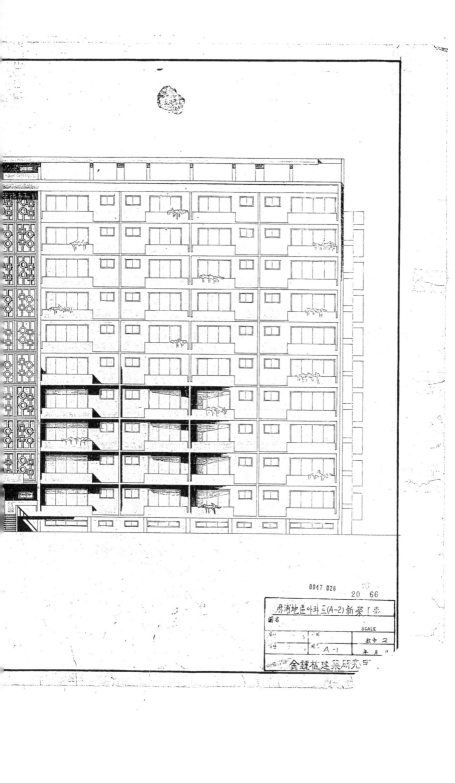

0017 026　　20　66

麻浦地區아파트(A-2) 新築工事

圖名

			SCALE
			数中 2
		A-1	年 月 日

金鍾植建築研究所

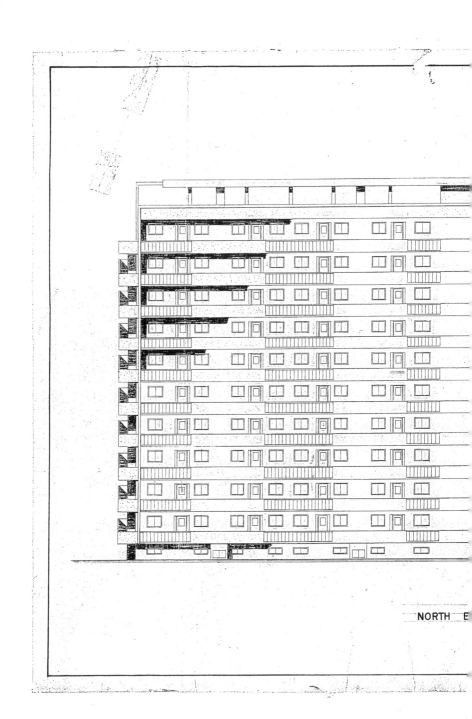

NORTH E

9　마포아파트 A-2형 북측
입면도(1961·9). 출처 : 대한주택영단

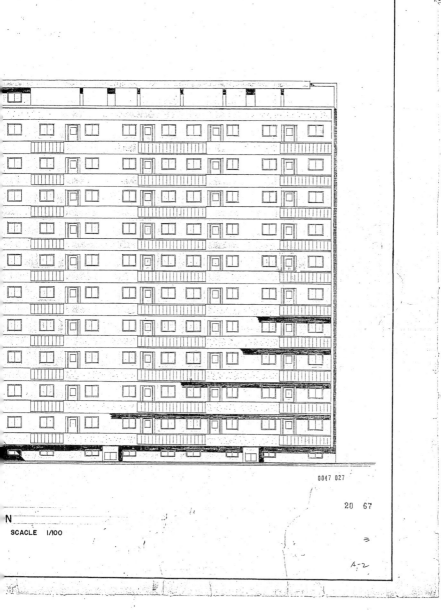

0047 027

20 67

N

SCACLE 1/100

3

A-2

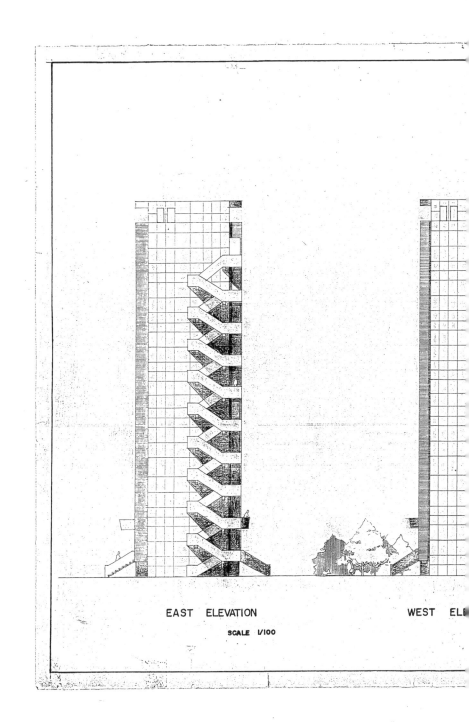

EAST ELEVATION

SCALE 1/100

WEST EL

10 마포아파트 A-2형 동측 및
서측 입면도, 주단면도(1961·9).
출처: 대한주택영단

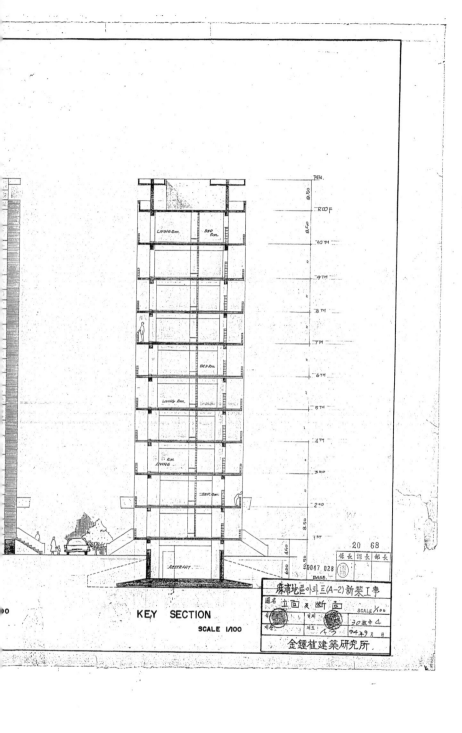

KEY SECTION

SCALE 1/100

麻浦地區아파트(A-2)新築工事

圖名 立面及断面   SCALE 1/100

30枚中 4

94年9月 日

金鍾植建築研究所

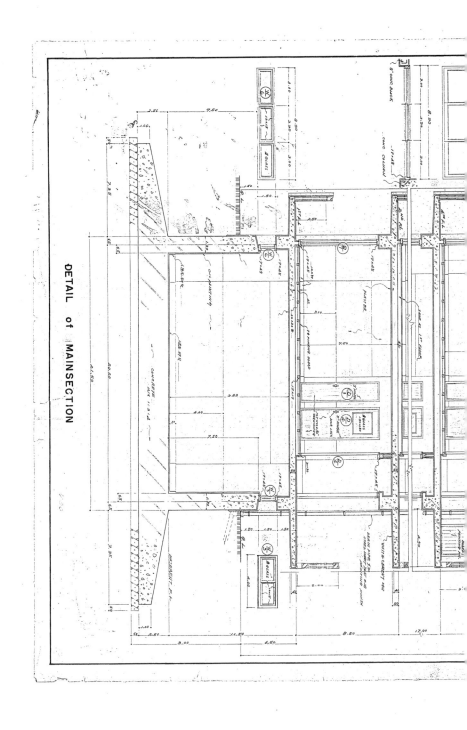

11 마포아파트 A-2형 주단면
상세도(1961·9). 출처 : 대한주택영단

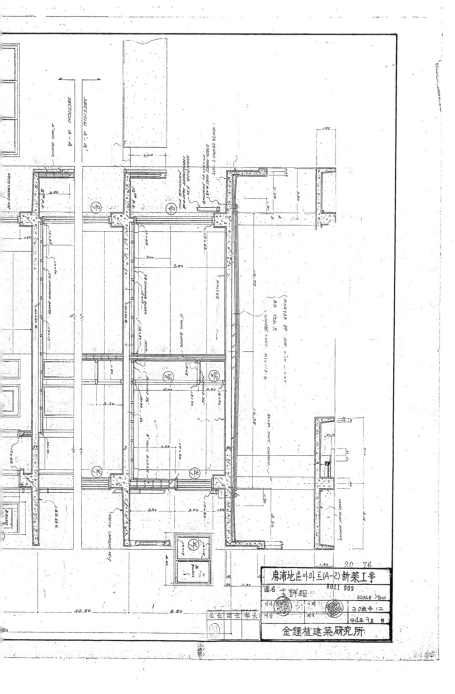

麻浦地區아파트(A-2)新築工事
0011 009
圖名 平詳細
SCALE 1/50
30枚中 12
94年9月 日
金鍾植建築研究所

SECTION A-A'

80 76

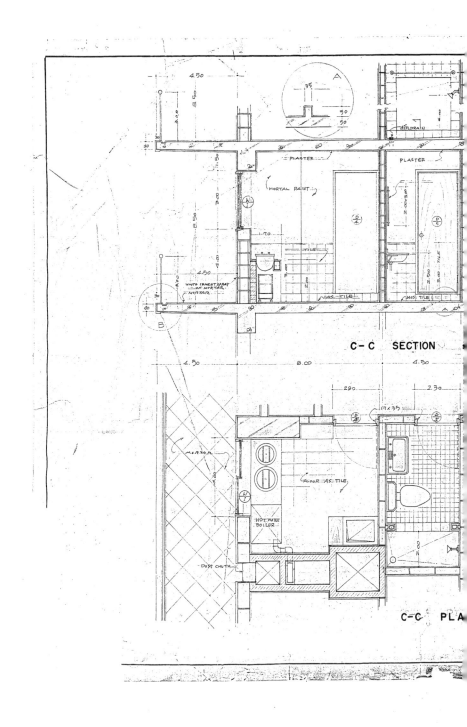

C-C SECTION

C-C PLA

12　마포아파트 A-2형 취사장 및
변소 단면 상세도와 평면도(1961·9).
출처: 대한주택영단

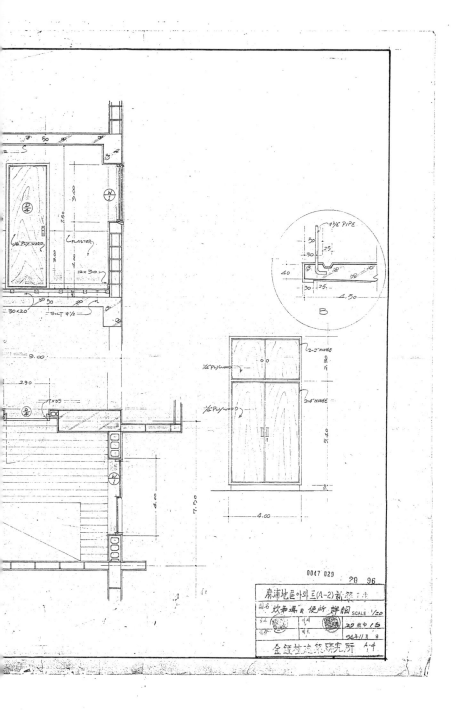

0047 029

麻浦地區아파트(A-2) 新築工事

炊事場 및 便所 詳細圖 SCALE 1/20

20枚中 15

94년11월 日

金鍾性建築研究所   A-4

T자형(B형)

대한주택공사 실무진이 설계했으나 최종적으로는 실현되지
못한 채 폐기된 비운의 'T자형 아파트' 주거동은 'B형'으로
불렸다. 설계는 엄덕문을 필두로 하는 대한주택공사
기술진이 맡았고, 2층 이상(일반층) 각 층엔 12세대가
들어갔다. 공중전화 부스와 엘리베이터가 설치된 코어 우측
가로 방향에 2침실형 4세대가, 나머지 날개에는 1침실형
4세대가 각층에 배치됐다. 다만, 경비실, 화장실, 창고를 위한
면적이 별도로 할애된 세로 방향 주동 1층에는 다른 층과
달리 단위주택 3세대로 구성했다. 이에 따라 단위주택의
가로(폭)×세로(깊이)는 복도와 발코니를 제외하고
18.0×16.5피트, 19.0×19.5피트 크기였다. 2침실형 단위주택의
끝 세대 외부로는 비상계단 역할을 하는 옥외계단을 따로
두었다.

　　T자형 주거동의 평면 구성은 매우 흥미롭고 독특하다고
할 수 있다. 하지만 최종 의사결정 기구인 대한주택영단
이사회는 이런 형태가 구조적으로 불안하고, 분양을 고려하면
단위세대가 큰 탓에 분양 가격이 높아져 미분양 사태가
벌어질지도 모른다는 이유를 들어 이 계획을 무산시켰다. 이는
그저 반대나 폐기의 명목상 이유에 불과했던 것으로 보인다.
왜냐하면 B형의 1침실형은 오히려 A-1형보다 작기에 분양가가
부담될 이유가 없었다. 이런 표면상의 이유보다는 오히려
영단으로서는 처음 시도하는 10층 아파트에 대한 불안감이
폐기의 배경이었을 성싶다. 외부 전문가들과의 공동설계
방식이기는 하지만 T자형 주거동 설계의 주체는 영단이었고,
혹시 모를 사건이나 사고 발생 시 그 책임을 온전히 주택영단이
감내해야 했기 때문이다.

비운의 주거동인 이유는 또 있다. 바로 옥상정원이다.
'B형'에는 'A형'이나 'C형'과 달리 옥상에 퍼걸러를 설치한
휴게공간과 더불어 6인치 중공(中空)블록을 이용한 직선과
곡선의 조형물을 세우고 곳곳에 벤치를 두어 주민들이
사용할 수 있도록 의도했다. 이런 도전적인 설계가 실현에
이르지 못했다는 점에서 더욱 안타깝다. 현실화되었다면
르 코르뷔지에의 설계로 우여곡절 끝에 1952년 마르세유에
준공한 유니테 다비타시옹의 옥상정원만큼이나
회자되었을지도 모를 일이다. 역사에 가정이란 무의미한
일이지만, 마포아파트 B형이 의도대로 지어졌다면 그 후
공동주택의 고층화 과정에서 옥상의 인공지반 활용에 대한
다양한 실험이나 논의가 풍성해지지 않았을까 하는 아쉬움이
남는다. 1962년 8월 27일 작성된 Y자형 주거동 옥상층
평면도에도 'Roof Garden'이라는 표기가 되어 있다. 하지만
B형의 경우처럼 적극적이지 않고, 기둥을 받친 직사각형 통로
정도만 만들어졌다. 마포아파트 B형의 좌절 때문이었을까,
대한주택공사 설계진은 그로부터 5년 뒤인 1966년 11월 남산
힐탑외인아파트를 설계(안병의 설계 주도)하면서 옥상층에
미끄럼틀을 설치하는 등 과감한 시도를 하게 된다.

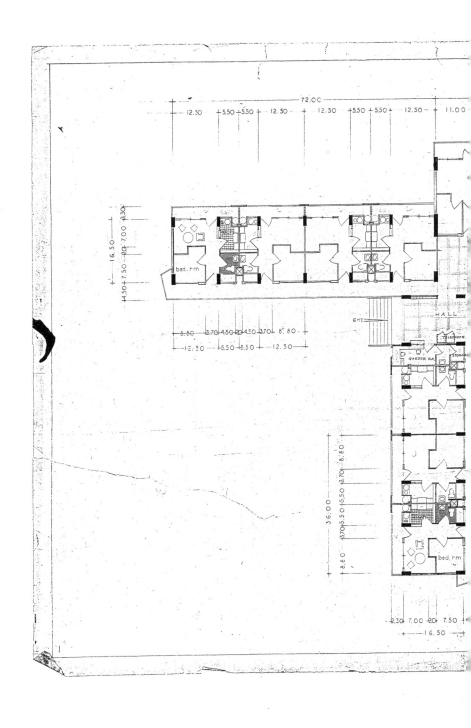

13　마포아파트 B형 1층
평면도(1961·9). 출처 : 대한주택영단

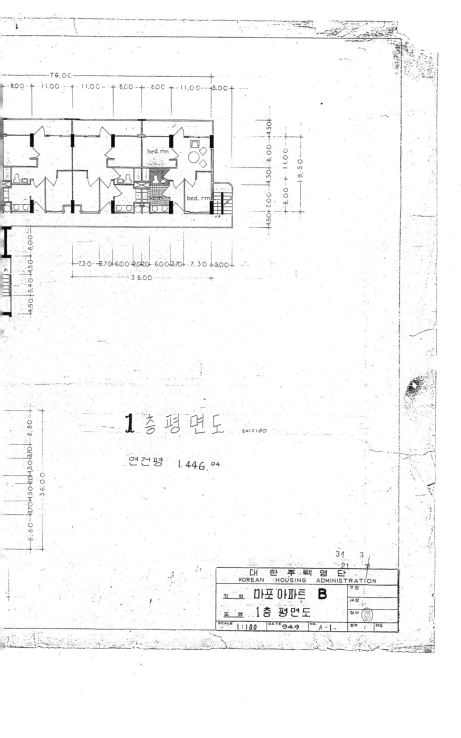

1층 평면도 S=1:100

연건평 1.446.⁰⁴

34   3
21

대 한 주 택 영 단 KOREAN HOUSING ADMINISTRATION		부장
건 명 마포아파트 B		과장
도 명 1층 평면도		심사
SCALE 1:100	DATE 949 NO. A-1	설계 / 제도

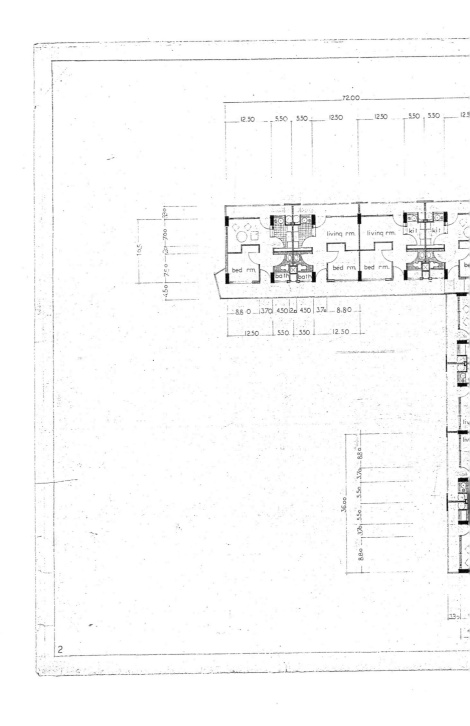

14 마포아파트 B형 일반층
평면도(1961·9). 출처: 대한주택영단

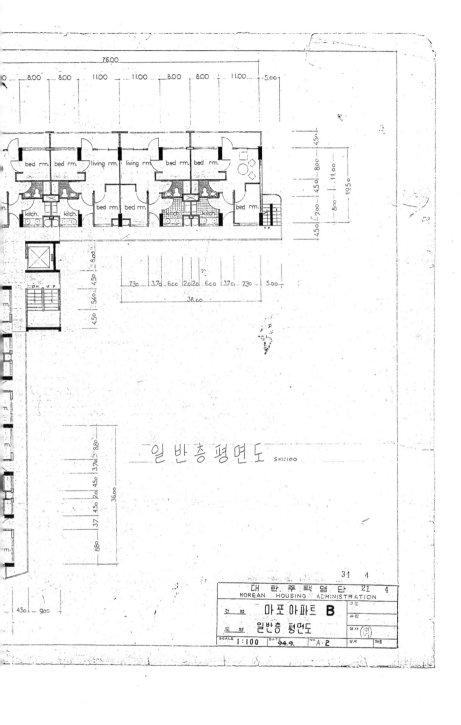

76.00

8.00　8.00　11.00　11.00　8.00　8.00　11.00　5.00

bed rm.　bed rm.　living rm.　living rm.　bed rm.　bed rm.

kitch.　kitch.　　bed rm.　bed rm.　kitch.　kitch.　　bed rm.

4.50　8.00　11.00　19.50
4.50　4.50　7.00　8.00　4.50

8.00　5.40　4.50
4.50　4.50

73c　3.7c　6cc　20.20　6.cc　3.7c　73c　5.00
38.00

8.80　3.7d　3.7c　8.80
3.7　4.50　2c　4.50　36.00
8.80

일 반 층 평 면 도 s=1:100

4.50　9.00

31　4

대 한 주 택 영 단　21　4
KOREAN HOUSING ADMINISTRATION

건 명　마 포 아 파 트 B
도 명　일반층 평면도

SCALE 1:100　DATE 94.9.　NO A·2

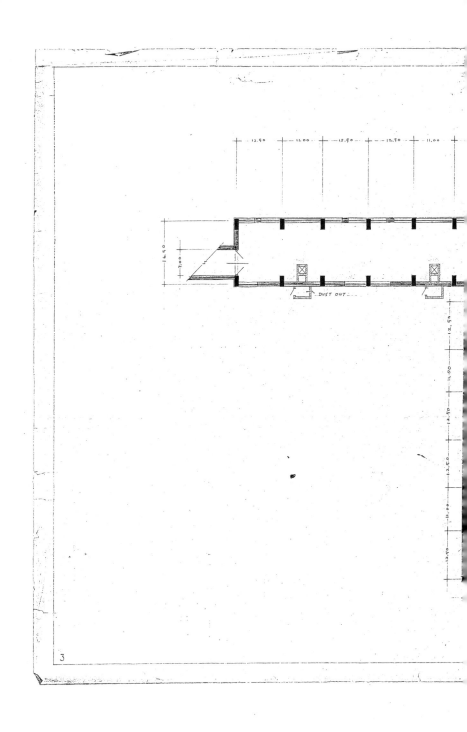

3

15   마포아파트 B형 지하층

평면도(1961·9). 출처: 대한주택영단

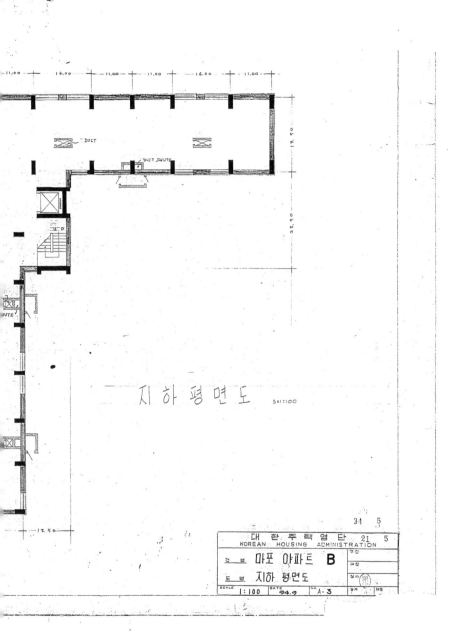

지 하 평 면 도　S=1:100

34 5

대 한 주 택 영 단 21 5
KOREAN HOUSING ADMINISTRATION

건명 마포 아파트 B
도명 지하 평면도

SCALE 1:100 | DATE 94.9 | NO. A-3

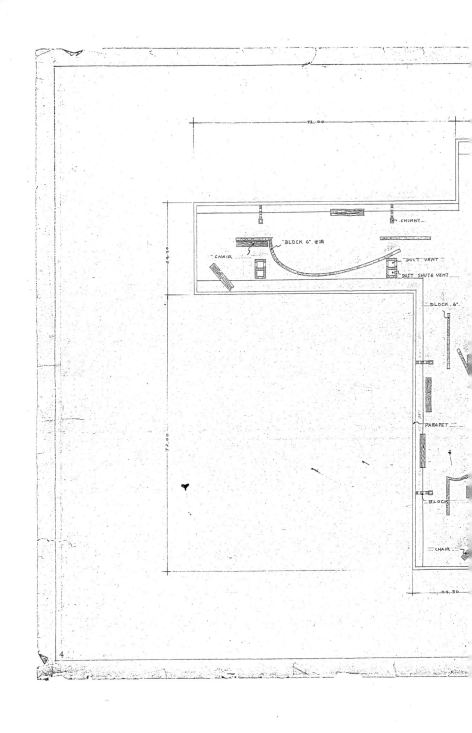

16 마포아파트 B형 옥상
평면도(1961·9). 출처 : 대한주택영단

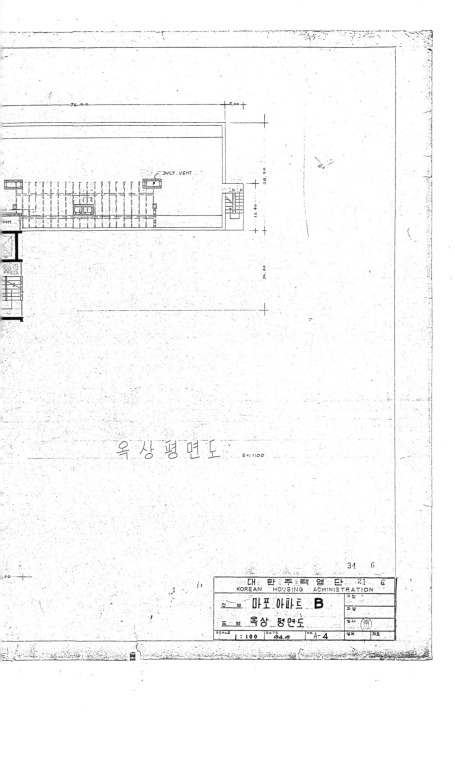

76.00   5.00

DUCT.VENT

18.70

12.40

23.40

옥 상 평 면 도   S=1:100

34 6

대 한 주 택 영 단 21 6
KOREAN HOUSING ADMINISTRATION

건물 마포아파트 B
도명 옥상 평면도

SCALE 1:100 DATE 64.0 NO. A-4

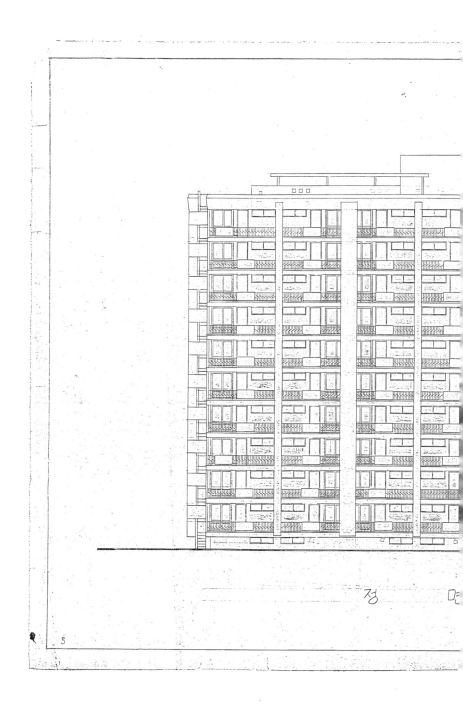

5

　마포아파트 B형 정면도(1961·9).
출처: 대한주택영단

0047 021

대 한 주 택 영 단 21 7
KOREAN HOUSING ADMINISTRATION

건 명   마포 아파드 **B**

도 형   정 면 도

SCALE 1 : 100 | DATE 94.2 | NO. 5

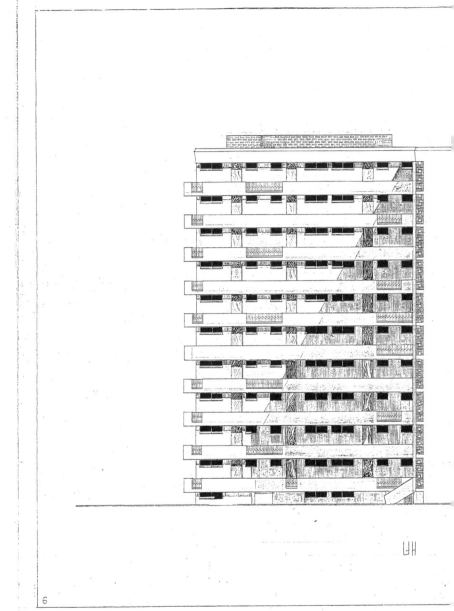

18　마포아파트 B형 배면도(1961·9).
출처 : 대한주택영단

0047 022

도

검 열	대 한 주 택 영 단 21 8 KOREAN HOUSING ADMINISTRATION	고 찬	
	마포 아파트 B	교 당	
도 명	배 면 도	검사	
SCALE 1:100	DATE 94.9	NO. 6	설계 제도

우 측

19　마포아파트 B형
우측면도(1961·9). 출처: 대한주택영단

면 도

0047 023

대 한 주 택 영 단 21 9
KOREAN HOUSING ADMINISTRATION

건 명 마포 아파트 B

도 명 우측 측면도

SCALE 1:100 DATE 94.9 NO. 7

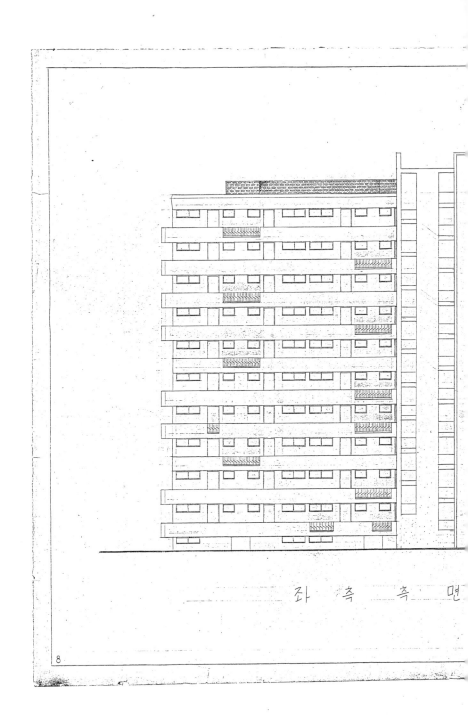

좌 측 측 면

8

20   마포아파트 B형
좌측면도(1961·9). 출처 : 대한주택영단

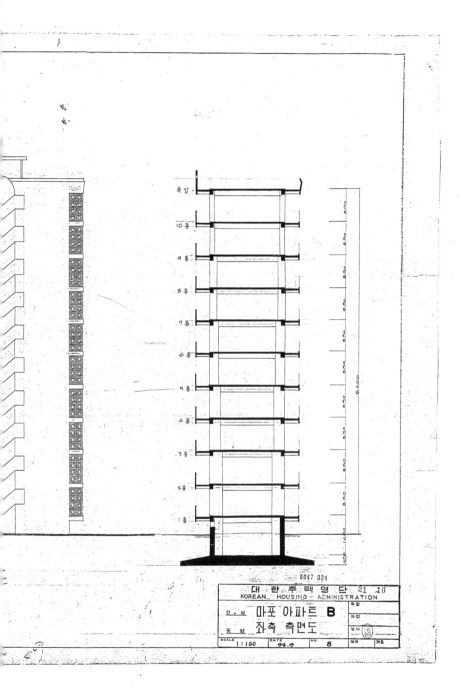

옥상

10층

9층

8층

7층

6층

5층

4층

3층

2층

1층

0047 024

대 한 주 택 영 단 21 10
KOREAN HOUSING ADMINISTRATION

건·명 마포 아파트 B
도·명 좌측 측면도

SCALE 1 : 100 DATE 74.9 NO. 8

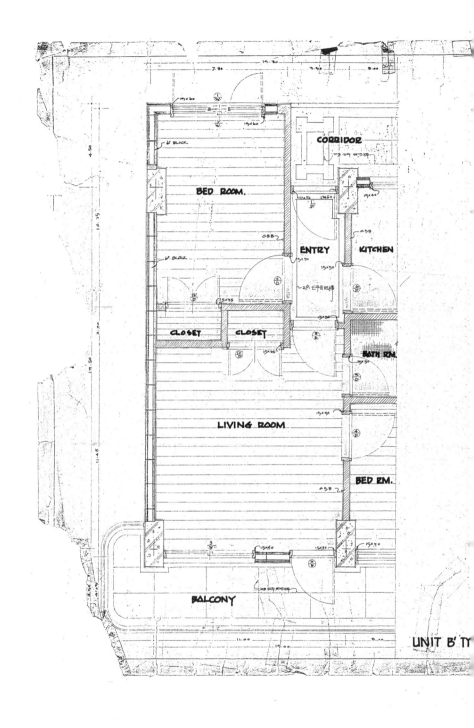

마포아파트 B형 단위주택 평면도
일부(1961·9). 출처 : 대한주택영단

0003 032   22 51

대 한 주 택 공 사
KOREAN HOUSING CORPORATION

C-1   건 평 62-
      호 평
SCALE

Y자형(C형)

→ 22

'Y자형'으로 알려진 'C형'은 A형과 마찬가지로 2가지로 다시 나뉘는데 3개의 날개 부분 모두가 편복도형인 C-1형과 날개 한 곳은 중앙에 공용복도를 두고 2세대가 마주하는 중복도 형식인 C-2형이 있다. 1962년 12월에 작성한 「마포지구아파트 신축공사 배치도」에서 중앙의 자동차도로를 중심으로 윗부분의 4, 5, 6호동 3개 주거동은 C-1형이고, 아랫부분의 1, 2, 3호동 3개는 C-2형이다.○ C-1형은 김희춘건축설계연구소에서, C-2형은 대한주택공사가 설계를 주도했다.◎ Y자형 주거동은 마포아파트를 상징하는 기호처럼 여겨지지만, 이후 동부이촌동을 기점으로 광주, 대전, 부산 등으로 이어진 공무원아파트, 서울 대신상가아파트로 대표되는 민간 상가아파트, 워커힐아파트 같은 다른 국책사업의 일환으로 지어진 아파트 등에 널리 활용되었다.

　　1962년 11월 13일자 『경향신문』에 실린 '마포아파트 임대 안내' 광고는 C-1형과 C-2형 주거동 각각에 포함된 단위주택의 규모를 자세하게 공지하고 있다. 이에 따르면, C-1형은 2동, 3동, 5동으로 9평형은 36호(8.71평 18호, 8.98평 18호), 10평형은 90호(9.33평 18호, 9.73평 72호), 12평형은 72호(11.56평 36호, 12.24평 36호)가 배정돼 총 198호이며, C-2형은 6동과 7동으로 9평형(8.91평) 96호와 10평형(10.00평) 48호, 15평형(15.36평) 24호 총 168호로,

○　주공아파트의 동 호수는 설계 과정과 시공 과정, 분양 전환 등의 조치에 따라 달라졌다. 따라서 같은 동이라도 시기에 따라 다른 번호가 부여됐다. 1962년 11월 13일자 임대광고에서는 C-1형은 2, 3, 5동으로 명명했고 C-2형은 6, 7, 8동으로 불렀다. 무슨 이유에서인지 '1'과 '4'는 쓰지 않았다.

◎　최초 설계 이후 여러 차례의 설계변경 내용을 담은 도면 대부분은 김희춘건축설계연구소가 작성했으나 더러는 대한주택영단 기술진이 작성해 공동설계와 협력설계로 볼 수도 있다.

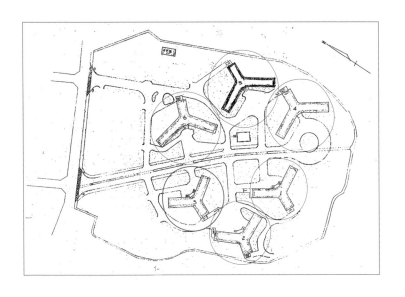

171

22   마포아파트 신축공사 배치도.
출처:「공사 준공 조사 보고서」,
1962·12·18

C-1형과 C-2형을 모두 합해 366호가 임대 대상이었다.○
참고로 최종 임대 공고에 명시된 C-2형의 규모별/층별
임대료를 보면, 1, 2층은 가격이 같고 위층으로 갈수록 낮았다.
이는 C-1형도 마찬가지였다. 입주 예정일은 1, 2차 임대아파트
모두 1962년 12월 5일이었다. Y자형 주거동에는 평면 유형이
단순했던 ㅡ자형 주거동과는 달리, 크기가 다른 9개의 평면
유형이 배치되어 있었다. 9개 평형의 층별 임대료를 정리하면
다음 표와 같다.

	8.71평	8.91평	8.98평	9.33평	9.73평	10평	11.56평	12.24평	15.36평
1층	2,440	2,490	2,510	2,610	2,720	2,800	3,240	3,430	4,290
2층	2,440	2,490	2,510	2,610	2,720	2,800	3,240	3,430	4,290
3층	2,320	2,380	2,400	2,490	2,600	2,670	3,090	3,270	4,100
4층	2,170	2,220	2,240	2,330	2,420	2,490	2,890	3,050	3,830
5층	2,040	2,080	2,100	2,180	2,280	2,340	2,710	2,870	3,590
6층	1,880	1,930	1,940	2,020	2,100	2,160	2,500	2,650	3,320

※ 마포아파트 C-2형(중복도 포함 Y자형) 규모별·층별 임대료(보증금은 월
임대료 1년분). 출처:『동아일보』1969·10·1

신광건설주식회사가 시공을 맡아 1962년 12월 28일
준공한 마포아파트 신축공사(1~2차) C-1형 주거동엔 한 층에
6가지의 서로 다른 단위주택, B형(11.56평), B'형(12.24평),
1C'형(9.73평), 2C'''형(8.71평), 1C'''형(8.98평),
C''형(9.33평)이 조합, 배치됐다. 예를 들면, Y자형의 짧은
날개 부분에는 코어로부터 1C'''형-C''형-2C'''형이 늘어선
반면에, 긴 날개 두 동에는 1C'형-1C'형-B형-B'형이 이어졌다.

→ 23 24 25

○ 당시까지 8동은 공정 지연으로
최초 임대 공고에서는 제외했는데,
일주일 후인 1962년 11월 20일에 8동
준공 소식과 함께 잔여 아파트 임대
공고가 있었다. 1차 임대 공고에는
신청자를 대상으로 공개 추첨을 통해
입주자를 정했는데 임대 대상 호수보다
신청자가 적었고, 그로 인해 두 번째
임대 공고에서는 입주자 선정을
선착순으로 변경했다.

B형 평면은 정방형에 가까웠고, 네 귀퉁이에 거실-침실-(변소)-주방-(현관)-침실이 있었다. 복도 반대편에 위치한 거실과 침실 폭 전체를 활용해 발코니 공간을 구성했으며, 생활쓰레기 처리는 현관을 나가 복도 측에 세대마다 매설한 더스트 슈트(dust chute)를 이용했다.◎ 11.56평에 불과했지만 침실을 2개 갖춘 매우 짜임새 좋은 평면이었다.

C''+C'''형 평면은 1침실형으로 공간의 구성과 배치는 둘이 같으나 거실과 변소의 폭에서 미묘한 차이가 있다. 전용면적 9.73평의 C'형 평면 역시 C자 돌림의 다른 형식과 유사하나 각 실의 면적이 미세하게 다르다. 옥상에는 계단실과 물탱크로 구성된 날 일(日)자 모양의 구조물을 10시 방향 날개에 두었는데, 도면엔 'roof garden'으로 표기했다. '옥상에 빨래를 말릴 수 있는 건조대'를 두었다는 다른 기록으로 볼 때, 주민들의 휴식공간이자 빨래 건조공간으로 사용할 것을 지시한 것으로 판단한다. 물론 이는 입면도를 통해서도 확인할 수 있다.

→ 26 27 28

C-2형과 마찬가지로 C-1형 주거동 지하에도 병원, 치과, 약방, 일용잡화점과 식료품점 등 각종 시설이 들어설 수 있도록 입주 한 달 전 구획 설계를 완료했다. 아마도 점포 임대가 마무리된 뒤 각 시설 임차인의 요청에 따라 필요 면적을 새롭게 배분했기 때문인 것으로 보인다. 실제로 1965년 11월 8일을 기준으로 대한주택공사가 작성한 「마포아파트 상점 현황」 자료에 따르면,● 1차 사업 준공 직전 작성한 지하층 평면도의

→ 29 30

◎   마포아파트 입주자들이 대한주택공사의 요청으로 『주택』에 발표한 글을 보면 '키친에서 직접 버릴 수 있는 쓰레기통으로 인해 먼지를 뒤집어쓰며 쓰레기차를 기다리는 노고도 없고', '위층에서 쓰레기 장통문(長筒門)을 열고 담배꽁초 하나도 버릴 수 있고'(『주택』 제22호, 115쪽) 등의 찬사를 보태며 더스트 슈트를 긍정적으로 평가했다. 더스트 슈트에 대한 자세한 내용은 박철수, 『박철수의 거주 박물지』(도서출판 집, 2017), 123~138쪽 참조.

●   마포아파트 관리사무소, 「마포아파트 관리소 인수인계 결과 보고」(1965·11·10).

내용과 유사한 점포와 사무소가 Y자형 주거동 지하 곳곳에
들어서 있었음을 확인할 수 있다.

　　계획과의 차이점이라고 한다면 지하공간 입주를
예상했던 병원, 치과, 약국은 모두 아파트단지 입구에
독립적으로 건립한 관리사무소 2층에 들어섰다는 것이다.
공중전화 센터와 연탄보급소는 옥외에 설치됐다. 흥미롭게도
무용연구소(육완순), 학술연구소(정덕규), 서민금융(임병계),
건축연구소(최회권) 등 다양한 사무실도 입주해 있었음을
확인할 수 있다. 그밖에 얼음 판매점과 식당 2곳이 Y자형
주거동 지하에서 영업을 했던 것으로 보고됐다.

→ 31
32
33

　　신양사가 공사를 도급해 1962년 12월 18일 준공한 제5공구
C-2는 Y자 날개 가운데 가장 짧은 부분엔 10평형(10.00평,
C형 평면) 4세대가 복도를 중심으로 2세대씩 마주하며,
나머지 날개에는 중앙에 가장 넓은 15평형(15.36평, A형)
단위세대를 두고 양쪽으로 9평형(8.91평, C'형) 단위세대가
둘씩 늘어섰다. 중복도형 날개 끄트머리에는 옥외 비상계단이
붙었고, 최초 설계에서 엘리베이터가 설치될 예정이었던 곳은
창고로 변경했다. 서로 다른 평면 3개가 한 층에 들어서는
바람에 마포아파트의 자랑이었던 더스트 슈트 역시 3가지로
만들어졌으며 1962년 11월에 그에 대한 자세한 시공도면이
작성됐다. 지하실은 칸막이를 설치하지 않은 상태로 골조만
우선 마무리했다.

　　10평형인 C형 평면은 C-2형 주거동에서 가장 작은
규모인데, 최초 평면에서는 거실과 침실의 바닥 재료가
아스팔트 타일이었으나 시공 직전인 1962년 7월 하순에
나무널로 변경했다. 평면 구성은 중복도 형식이라는 점에서
거주성을 높이기 위해 침실-거실-주방이 나란히 들어서는
형식을 취했고, 발코니 전체 길이가 거실 전체와 주방의 절반에

174

걸쳐 있어 주방에서 직접 발코니로 나와 더스트 슈트를 이용해 쓰레기를 버릴 수 있도록 의도했다.

C-2형에서 A형 평면은 2침실형이지만 C형과 C'형은 1침실형이었다. 특이한 점은 일본주택공단의 '51C형' 평면과 달리 식침분리(食寢分離)를 꾀하지 않고 공사실분리(公私室分離)를 의도함으로써 일본의 주택과는 다른 궤적을 보이고 있다는 사실이다. 상대적으로 규모가 작은 C'형 평면에서는 거실과 침실 폭 전체에 걸쳐 발코니를 둔 반면에, 2침실형인 A형 평면에서는 거실 쪽에만 발코니를 두고 전면 폭 절반 정도에 해당하는 나머지는 침실에 할애하는 방법으로 공간을 활용했다. 더스트 슈트는 발코니를 이용하는 C형에서와는 달리 A형과 C'형에서는 현관문을 열고 나가 복도에 마련된 곳을 이용하도록 했다.

준공과 입주를 한 달 남짓 남겼던 1962년 11월 골조만 완성했던 C-2형의 지하층이 마무리됐다. 당시 설계된 C-2형 주거동 지하에는 미장원, 이발소, 세탁소, 식육점, 미곡상, 만물상 등의 점포와 기타 공실이 배치됐는데 지상층 단위주택 구성 방식과 마찬가지로 짧은 날개 방향으로는 중복도 형식으로, 나머지 긴 날개 방향은 편복도 형식으로 구획됐다.

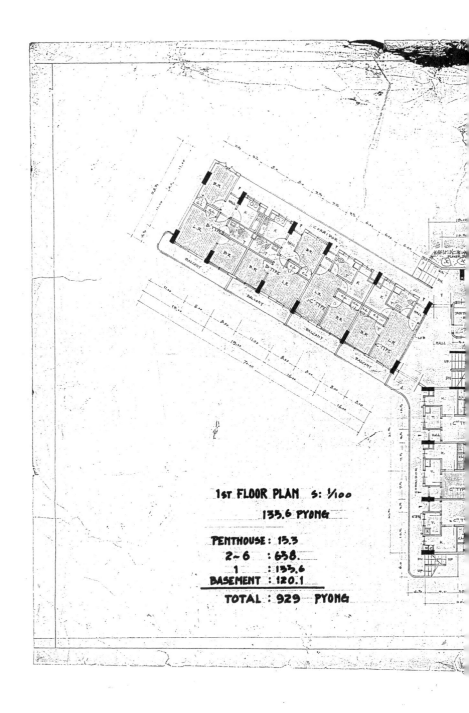

1ST FLOOR PLAN S: 1/100

133.6 PYONG

PENTHOUSE : 15.3
2~6   : 638.
1   : 133.6
BASEMENT : 120.1

TOTAL : 929 PYONG

23 마포아파트 C-1형 주거동 1층
평면도(1961·10). 출처 : 대한주택영단

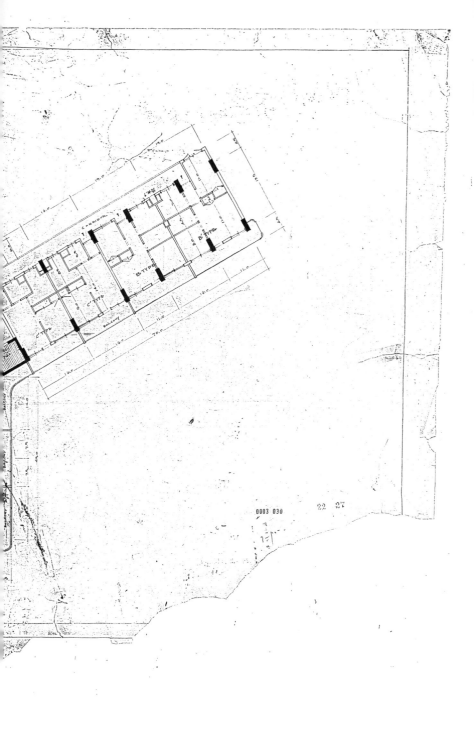

0003 030   22 27

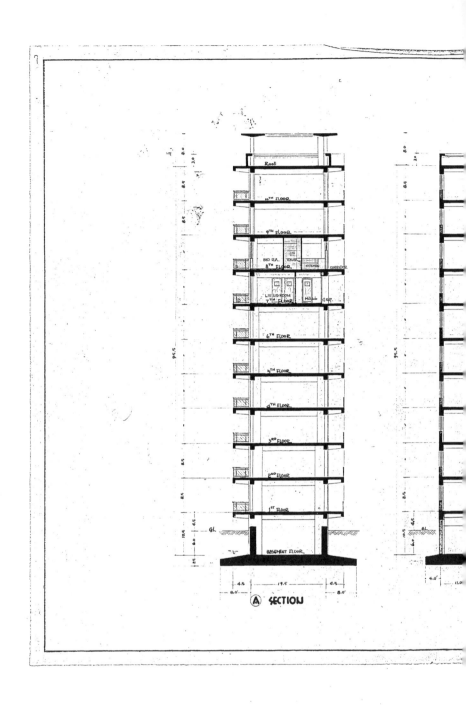

　마포아파트 C-1형 주거동
단면도(1961·10). 출처: 대한주택영단

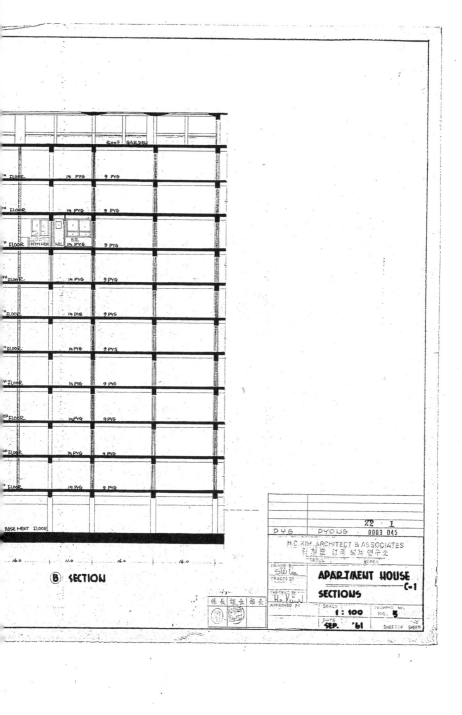

ROOF GARDEN

TH FLOOR   1½ PYG   9 PYG

TH FLOOR   1½ PYG   9 PYG

TH FLOOR KITCHEN HALL B.R. 1½ PYG   9 PYG

TH FLOOR   1½ PYG   9 PYG

FLOOR   1½ DYG   9 PYG

TH FLOOR   1½ PYG   9 PYG

TH FLOOR   1½ PYG   9 PYG

2ND FLOOR   1½ PYG   9 PYG

3RD FLOOR   1½ PYG   9 PYG

TH FLOOR   1½ PYG   9 PYG

BASEMENT FLOOR

16.0   11.0   16.0   16.0

Ⓑ SECTION

		22	1
PYG	PYONG		0003 045

H.C. KIM ARCHITECT & ASSOCIATES
김희춘 건축 설계 연구소
SEOUL   KOREA

DRAWN BY
SW Lee
TRACED BY

CHECKED BY
Ho Yun
APPROVED BY

係長 課長 部長

APARTMENT HOUSE
                                    C-1
SECTIONS

SCALE	DRAWING NO.
1:100	NO. 5
DATE	
SEP. '61	SHEET OF SHEETS

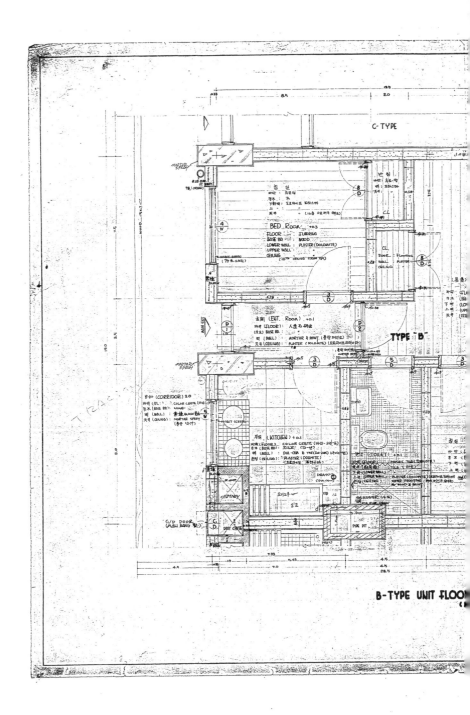

25 마포아파트 C-1형 B형(11.56평)
단위주택 평면도(1961·1Ø).
출처: 대한주택영단

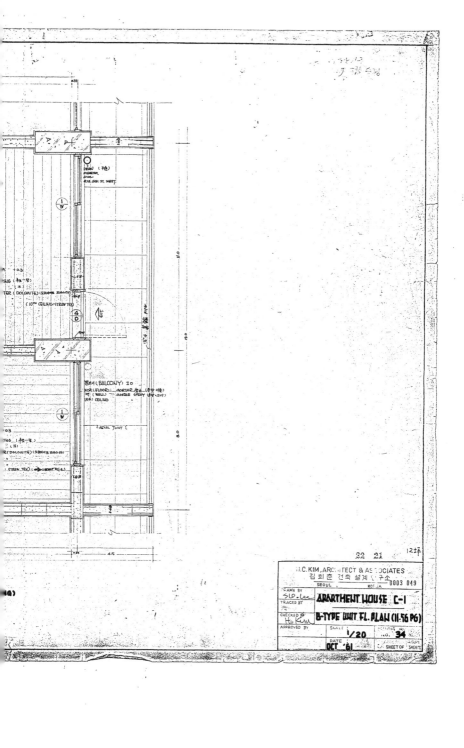

DRAIN ( )
DIAMETER
DIA...
#28.0GRI ST. SHEET

TER (DOLOMITE) (E... SPACES)
(10TH CEILING STRAIN TED)

(BALCONY) 10
...R (FLOOR) MORTAR ( )
(WALL) MORTAR SPRAY ( )
( ) CEILING

...AL JOINT

...R (DOLOMITE) (5...)

...STRAW TEX ( )

22   21   12

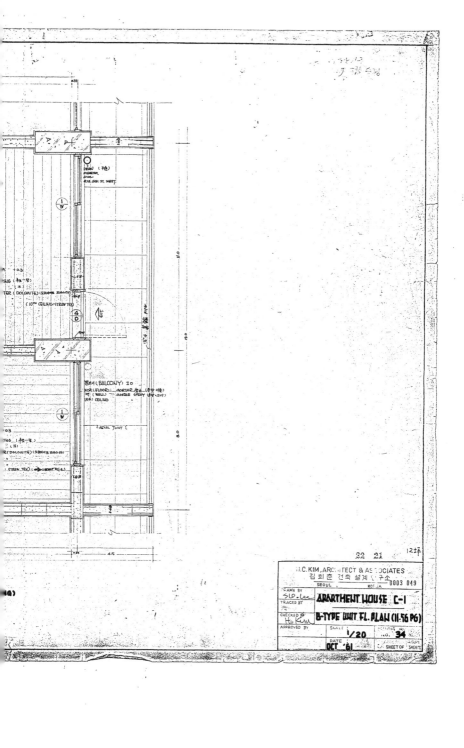

H.C. KIM, ARCHITECT & ASSOCIATES
김 희 춘 건 축 설 계 사 구 소
SEOUL   KOREA   0003 049

DRAWN BY
SW. Lee
TRACED BY

CHECKED BY
H. Kim
APPROVED BY

APARTMENT HOUSE C-1

B-TYPE UNIT FL. PLAN (11.56 P6)

SCALE
1/20   NO. 34

DATE
OCT '61   SHEET OF SHEET

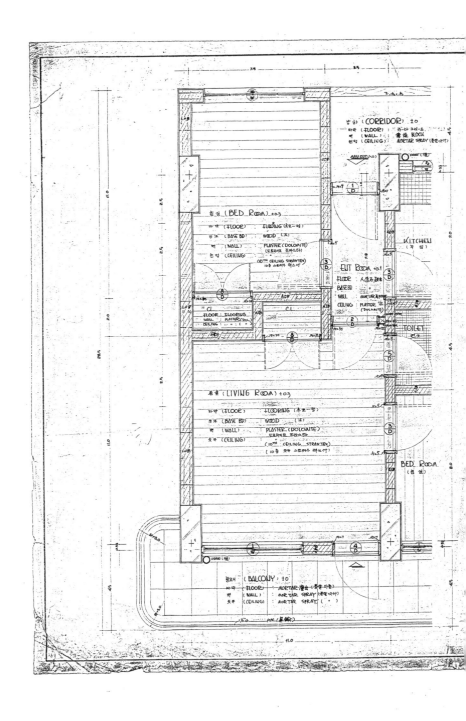

26 마포아파트 C-1형 B'형(12.24평)
단위주택 평면도(1961·10).
출처: 대한주택영단

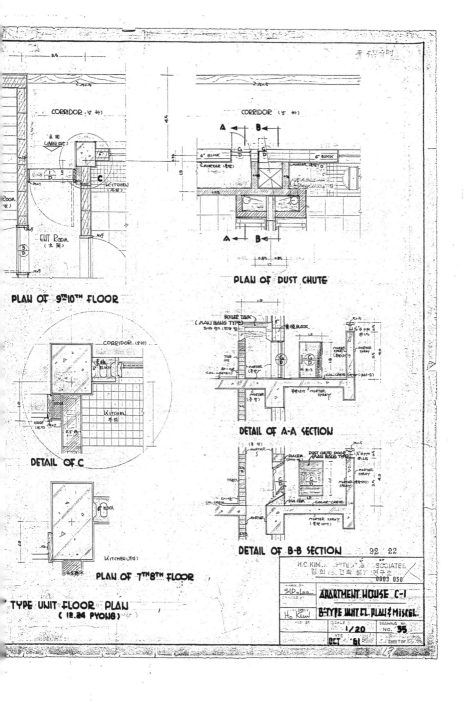

CORRIDOR (낭 하)

主管
(MAIN CUT.)

KITCHEN
(부엌)

EXIT ROOM
(主閣)

PLAN OF 9TH·10TH FLOOR

CORRIDOR (낭 하)

6" BLOCK
MORTAR (몰탈)

KITCHEN (부엌)

DETAIL OF C

KITCHEN (부엌)

PLAN OF 7TH·8TH FLOOR

TYPE UNIT FLOOR PLAN
(12.24 PYONG)

CORRIDOR (낭 하)

6" BLOCK
MORTAR (몰탈)

PLAN OF DUST CHUTE

BOILER TANK
(MAIN BANG TYPE)

BLOCK

TILE

MORTAR
(몰탈)

MORTAR
SPRAY

COL·CRETE

MORTAR
SPRAY

MORTAR
(몰탈)

MORTAR
SPRAY

DETAIL OF A-A SECTION

MORTAR

DIA·GEA

DUST CHUTE DOOR
(MAIN BANG TYPE)

MORTAR
SPRAY

MORTAR
SPRAY

TILE

COL·CRETE

DIA·GEA

COLOR·CRETE

MORTAR

MORTAR SPRAY
(몰탈 스프레)

DETAIL OF B-B SECTION

H.C. KIM ARCHITECT & ASSOCIATES
김 희 건축 설기 연구소
0003 050

DRAWN BY
SID·Lee

TRACED BY

COPY BY
Ho Kim

CHECKED BY

APARTMENT HOUSE C-1

B-TYPE UNIT CL PLAN & MISCEL.

SCALE:
1/20

DRAWING NO.
NO. 35

DATE
OCT '61

SHEET OF

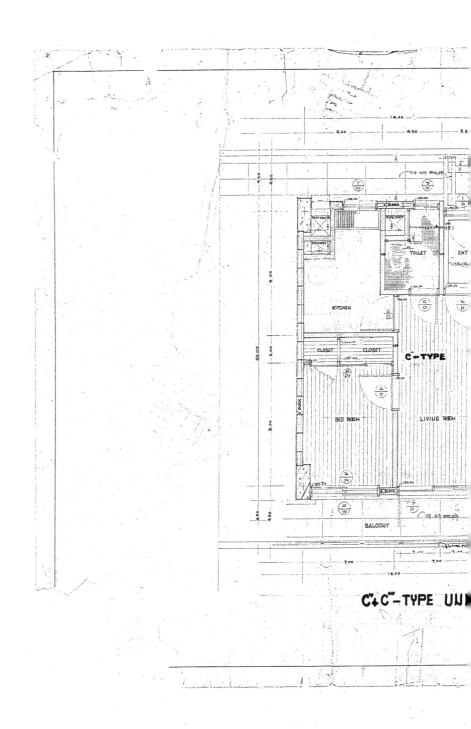

27 마포아파트
C-1형 C''+C'''형(8.91평) 단위주택
평면도(1961·10). 출처: 대한주택영단

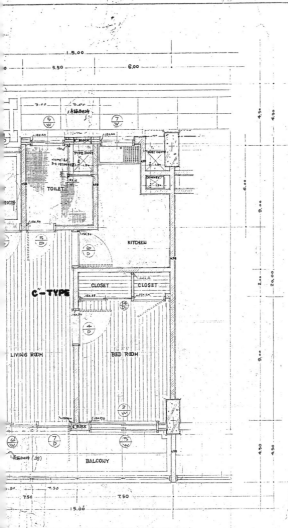

C"-TYPE

TOILET

KITCHEN

CLOSET   CLOSET

LIVING ROOM   BED ROOM

BALCONY

OR PLAN   SCALE 1 : 30

0003 031   (8.91ʳʸ)   22 50

4

C-1

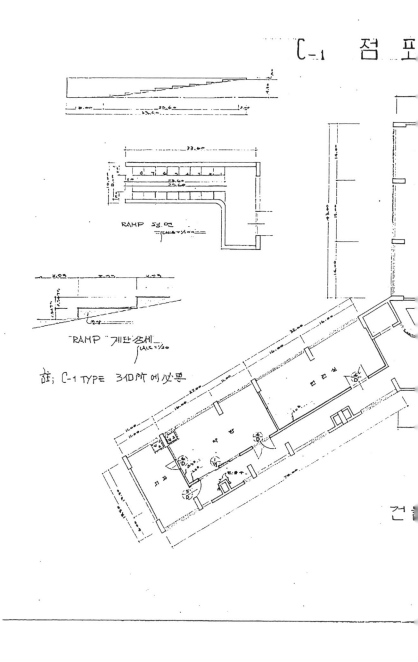

28 　마포아파트 C-1형 점포
배치도(1961·10). 출처 : 대한주택영단

배치도 SCALE·1/100
건평 120.1 평

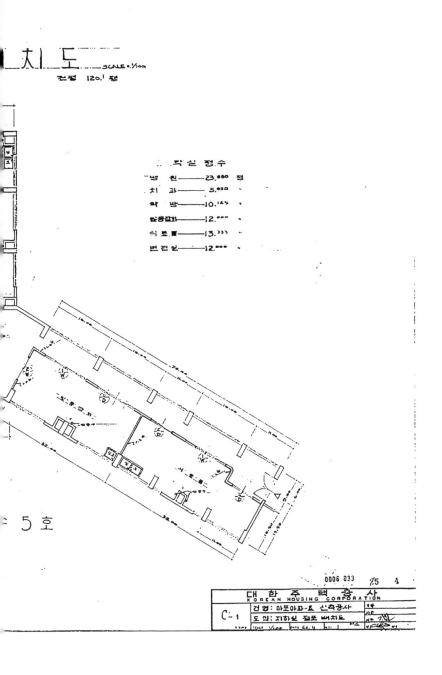

각실정수
병 원————23.000 평
치 과———— 5.050 ·
약 반————10.145 ·
관리실————12.000 ·
식 표————13.333 ·
변전실————12.000 ·

5호

대 한 주 택 공 사
KOREAN HOUSING CORPORATION
C-1   건명: 마포아파-트 신축공사
     도면: 지하실 절포 배치도
TYPE   SCALE 1/100   DATE 62.4

29 마포아파트 상점 현황.
출처: 「마포아파트 관리소 인계인수 결과 보고」, 1965·11·8

189

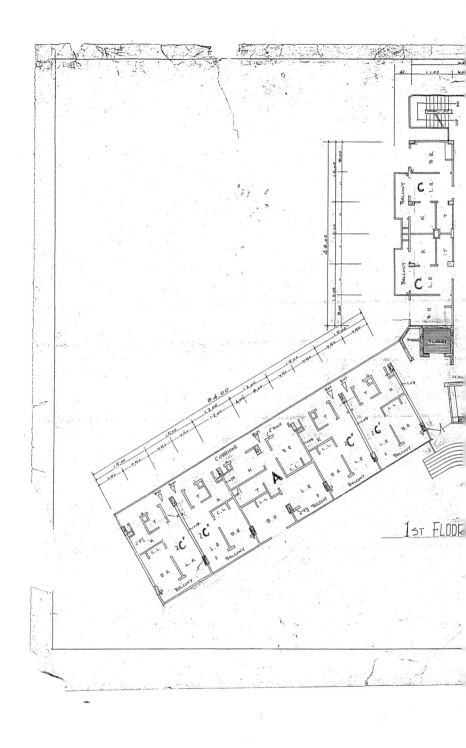

1ST FLOOR

31 　마포아파트 C-2형 1층
평면도(1962·11). 출처 : 대한주택공사

A   15.36 평

C   10.00 "

C'   8.91 "

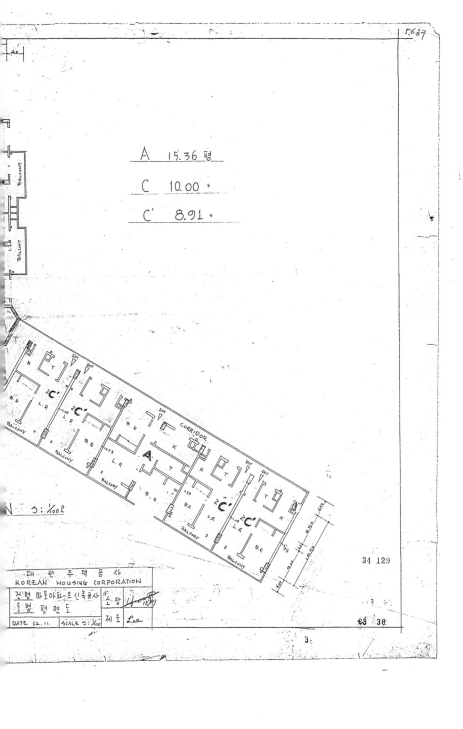

大韓 한 주 택 공 사
KOREAN HOUSING CORPORATION
건명 마포아파트 신축공사
도명 평면도
DATE 62. 11.   SCALE 5:½₀₀   제도 Lee

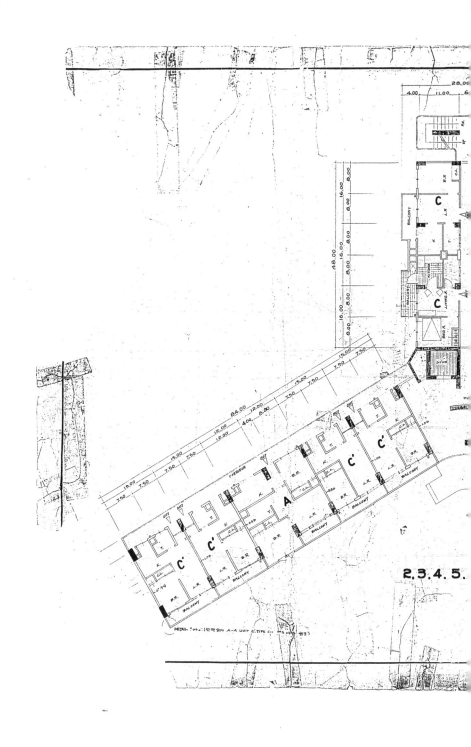

32 마포아파트 C-2형 2~6층
평면도(1962·5). 출처 : 대한주택영단

마포 아파-트 C-2 TYPE

A   15.36 평
C   10.00 "
C'   8.91 "

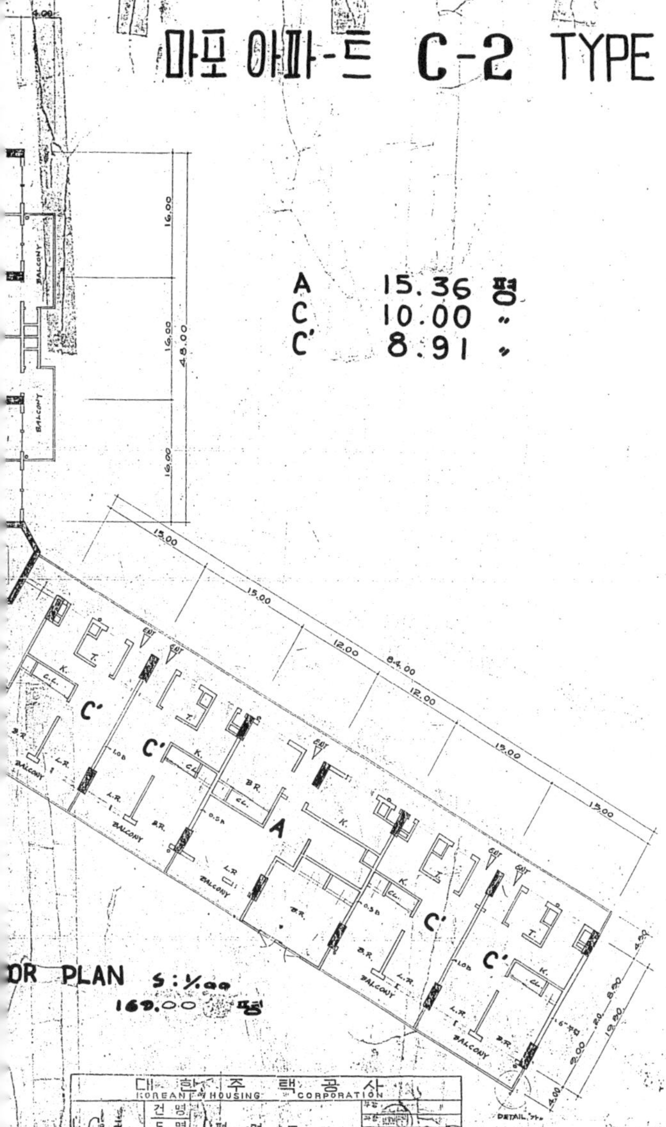

DR PLAN S : 1/100
169.00 평

대 한 주 택 공 사
KOREAN HOUSING CORPORATION
건 명
도 명   평 면 도
SCALE 1/100 DATE 62   NO. 14 OF 6

34 86

23 30

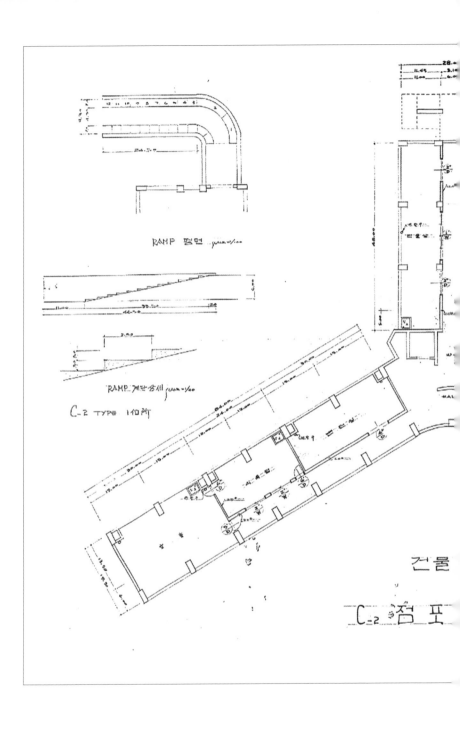

33 마포아파트 C-2형
6호동 지하층 점포 배치도(1962·11).
출처: 대한주택공사

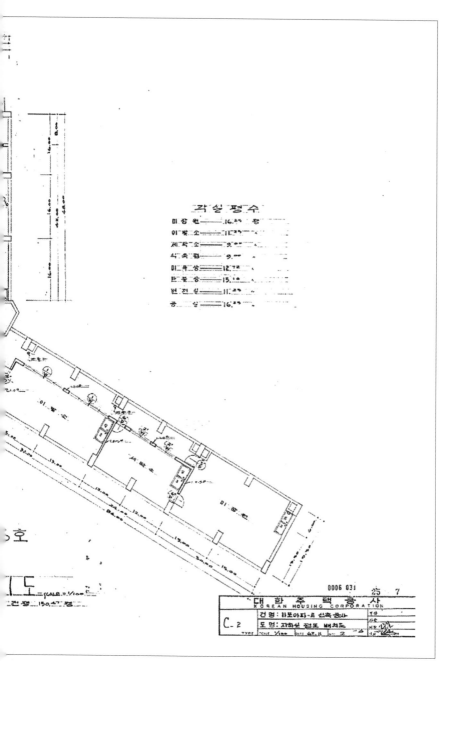

각 실 평 수

미 장 원	16.?? 평
이 발 소	11.?? 〃
제 작 소	9.?? 〃
식 육 점	9.?? 〃
미 루 상	12.7? 〃
판 물 상	15.1? 〃
빈 전 실	11.?? 〃
공 실	16.?? 〃

이 발 소

서 무 소

미 장 원

?호

SCALE 1/100

건 평 150.?? 평

0006 031

대 한 주 택 공 사
KOREAN HOUSING CORPORATION

C-2	건 명 : 마포아파-트 신축공사	
	도 명 : 지하실 ?? 배치도	
TYPE	SCALE 1/100 DATE 6?.11 ?? 2	

평면설계에 대한 대한주택공사의 설명

대한주택공사는 힐탑외인아파트(한남외인아파트)나
남산외인아파트 혹은 상가주택이나 상가아파트 등과 같은
비교적 특별한 프로젝트에 대해서는 기관지『주택』을 통해
설계실무자가 직접 자세하게 설명했다. 하지만 첫 시도여서
그런지 마포아파트의 평면에 대해서는 별도의 설명을
하지 않았다. 다만『대한주택공사20년사』에 마포아파트의
단위주택에 대한 간결한 설명이 남아 있다.○

마포아파트의 평면설계도 또한 참신했다. 몇백 년의 전통을
지켜오던 좌식생활을 입식으로 전환시킬 계획이었던 것이다.
마포아파트의 평면설계는 10층의 고층 건물을 전제로 한
것이었다. 물론 10층이 6층으로 됨에 따라 부분적으로 수정이
되었지만 1차 건설에서는 고층아파트용 설계 흔적이 그대로
남아 있었다.
복도나 계단 등의 면적과 공용부분 면적이 비교적 넓었고
엘리베이터홀이 그대로 남아 있었으나 이러한 점들은 평면의
가치를 크게 떨어뜨리지는 않았다. 중층아파트의 좁은
공용면적에 비해 오히려 시원스러운 분위기를 조성했다는
평을 들었던 것이다. 따라서 마포아파트의 평면에는 재래식이
입식이 되었다는 점 외에도 뚜렷한 특징이 있었다.
1962년에 건설한 12평형을 예로 들면 리빙룸이 특이했는데
그것은 침실들이 완전 분리 독립되어 있는 평면에서 유일한
공용공간이었다. 그것은 휴게공간이 되고 객실도 되고 식당도
되도록 설계되어 있었다. 이 평면에서는 부엌과 욕실을

○   대한주택공사,
『대한주택공사20년사』, 360~361쪽.
인용 내용은 일부 비문에도 불구하고
그대로 가져왔다.

한군데로 집중시켜 설비비를 절감시켰고 반침 등을 두어 별도로 가구가 필요 없게 만들었으며 연탄가스를 배출시킬 굴뚝의 위치도 적절하게 잡았다.

그러나 내부공간을 연장시키고 입주자가 외부 자연을 만끽할 수 있도록 설치한 발코니는 사실상 너무 좁아 장독대 역할밖에 못 하도록 만든 것은 입주자들의 생활 습관을 과소평가한 탓이었다. 그리고 가구 등의 반입 방법을 무시하여 입주 과정에서 혼란을 야기한 점도 재고할 문제였다.

그런데 마포의 평면설계는 2차 때는 일부가 변경되어 1963년도에는 15평형의 一자형 아파트가 설계되었는데 이것은 우리나라 최초의 계단식 아파트의 출현이었다. 이로써 각 세대의 프라이버시를 보장해주고 평면의 사용 면적을 최대한 높일 수 있게 되었다.

또한 리빙룸 전용 발코니와 후면 부엌의 서비스 전용 발코니를 설치하여 옥외공간을 최대한 흡수, 활용하였으며 일조, 통풍, 환기 등의 공간 기능이 해결되고 리빙룸의 기능이 충족될 수 있게끔 계획되었다. 그러나 이때 화장실과 욕실은 분리 설치했다.

설계변경과 최종 준공

최종 채택된 Y자형 주거동은 1962년 8월 31일부터 11월 28일까지 공사가 진행됐으며,○ 一자형 주거동은 1964년 11월 7일 착공해 1965년 5월 12일 준공했다.◎ 이미 사라진 대상을 어떻게 복원할 것인가는 퍽 복잡하고 난해한 문제다. 마포아파트의 경우는 준공보고서에 따로 붙은 도면이 합리적 추론을 돕는다. 시공사가 어떻게 공사를 마무리했는지를 적은 준공보고서는 발주자인 대한주택영단의 구체적인 검증을 거쳤을 가능성이 높고, 게다가 이 보고서를 근거로 총공사비가 산출됐을 것이란 점에서 현재 살펴볼 수 있는 문서 중에서는 마포아파트에 대한 최종 상태를 알려주는 공신력 있는 문서라 할 수 있다.

→ 34 35 36 37

각종 준공보고서를 통해 1964년 11월 7일 착공해 1965년 5월 12일 모두 준공한 것으로 확인한 一자형 주거동은 최초 설계 과정에서 채택한 편복도형 진입 방식과는 달리 모두 계단실형으로 변경됐다. 1차 준공한 Y자형 주거동 6동을 전제조건으로 둔 상태에서 주출입구 좌우에 1동씩을 배치하고 부출입구 왼편에 1동, 그리고 Y자형 주거동 뒤쪽 여유공간을 이용해 다시 1동을 추가로 배치함으로써 10개 주거동으로

○ 그러나 대한주택영단의 공구별 「공사 준공보고서」에 따르면 실제 준공 일자는 1962년 12월 18일부터 12월 28일까지 동별로 달랐다. 따라서 임대 신청자 입주가 공고 내용대로 1962년 12월 5일이었다면 준공일이 공식 문서화된 시점은 입주 후라 할 수 있다. 그런데 김현철 내각수반이 참석해 국가재건최고회의 박정희 의장의 준공식 치사를 대독한 날짜는 1962년 12월 1일이었다. 따라서 실제 준공 일자는 무엇을 기준으로 삼느냐에 따라 달라질 수 있다. 여기서는 1962년 12월 1일을 준공 일자로 삼았다.

◎ 대한주택공사, 「1962년 마포아파트 신축 건축공사 1~2차 3공구, 5공구, 6공구 준공조서」, 「1963년 마포아파트 추가공사(도면)」, 「1964년 마포 A형 아파트 신축 토목공사 준공 검사 보고서」, 「1964년 마포아파트 건평내역 통보」, 「1965년 공사 준공 검사보고서」 등을 비교, 참고했다. 준공 일자는 기록마다 조금씩 다른데, 최종 준공 조사 보고서에 따르면 Y자형 주거동 6개를 대상으로 한 1차 사업은 1962년 12월 중순 이후 공식 준공된 것으로 보인다.

이루어진 마포아파트의 전체가 완성됐다.

처음부터 분양을 염두에 두었던 一자형 주거동은 1964년 3월 공고를 시작으로 분양에 나섰으며, 임대아파트로 구상했던 Y자형 주거동은 애초엔 임대를 했다가 1967년 8월부터 분양 전환 절차에 돌입하며 입주자들과 갈등을 빚게 된다.

34 마포아파트 A형 설계변경 후
정면도(1963·7). 출처: 대한주택공사
설계과

대한주택공사　　설　계　과

A-0

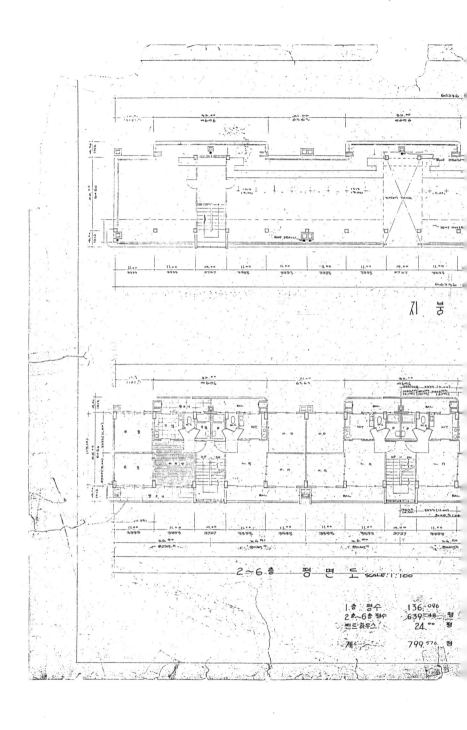

35 마포아파트 A형
1층, 2~6층, 지붕층 평면도(1963·7).
출처 : 대한주택공사 설계과

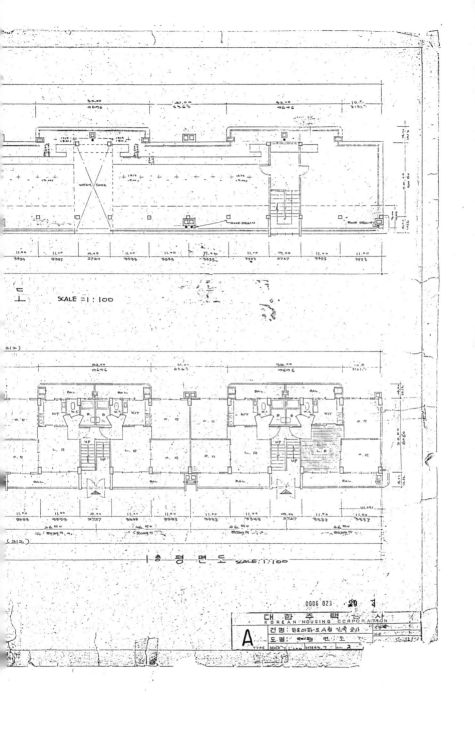

SCALE =1 : 100

1 층 평 면 도 SCALE 1:100

0006 023 20

대한주택공사
KOREAN HOUSING CORPORATION

A

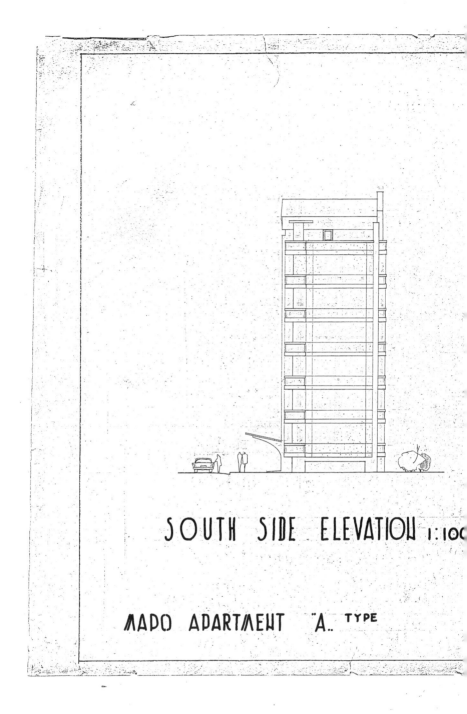

SOUTH SIDE ELEVATION 1:10(

MADO APARTMENT "A" TYPE

36   마포아파트 A형 설계변경 후
측면도(1963·7). 출처: 대한주택공사
설계과

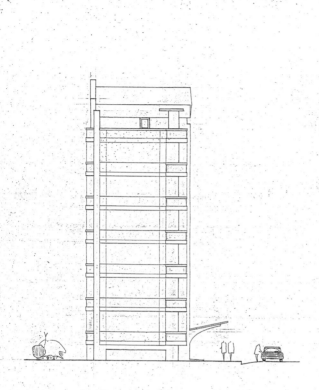

NORTH SIDE ELEVATION 1:100

0006 026 #4 6

大韓住宅公社
KOREAN HOUSING CORPORATION
마포아파트 A형신축공사
도면: 입 면 도
TYPE 1:100 63. 7 3 A

37　마포아파트 A형 9동 전경.
출처: 대한주택공사 홍보실

6

USOM의 반대와
설계변경

군인 출신 테크노크라트 기획자와 모더니즘의 이상을 동경하던 설계자들의 야심만만한 아이디어에 당대의 시민들은 얼마나 공감하고 동조했을까? 1962년 7월 30일자『동아일보』기사를 살펴보자.

지금 마포구 도화동에 건설 중인 현대식 6층 고급 '아파트' 6채는 400여 세대를 수용할 수 있는 우리나라 최대의 것으로 집 없는 '샐러리맨'들의 관심을 모으고 있다. 이미 총공사의 50퍼센트를 넘긴 이 Y형 '아파트'에는 한 세대에 9평, 12평, 15평 등 3가지 형이 있다. (…) 12평 이상은 침실이 둘로 네댓 식구는 충분히 살 수 있다. 방 안, 방 밖을 모두 의자 생활 체제로 꾸며 침실에는 침대가 있고, 난방은 연탄을 이용한 '히터' 장치가 되어 있어 아무리 추운 겨울이라도 20도 정도의 방 안 온도를 유지시킬 수 있다고 한다. 거실 밖에는 넓은 '발코니'가 있고, 침실에는 반침을 해 두었다. 목욕탕엔 '샤워' 시설을 하고 변소는 모두 수세식이다. 전체로 보아 그리 넓은 집은 못 된다 해도 쓸모 있게 꾸민 고급 '아파트'는 되겠다.

1　장독대 설치와 세탁물 건조가
곤란한 Y자형 임대아파트 8동 외관.
ⓒ정기용

2　마포아파트 C-1형 (3호동) 11평형
단위주택 C여사댁 거실. 출처: 『주택』
제20~21호 (1967년 12월)

그 밖에 공동시설로는 '어린이놀이터', '유치원', '탁아소'
그리고 옥상에 '빨랫줄'을 마련할 것이라고 하며, 건물 주변은
'공원'으로 꾸미고 '아파트'마다 '구매장'을 두어 시장에 나가는
시간 낭비를 막아줄 것이라고 한다. 집집마다 전화를 가설하고
'엘리베이터'를 놓을 예정이라고도 한다.

설계도에 의한 시설계획을 펴 놓고 보면 퍽 이상적이고 혁신적인
구조 같다. 종래의 온돌에 의지하던 습관을 없애고, 활동적인
의자 생활을 장려하는 시설을 꾸민 동시에 부식물의 개선까지
생각해서 아예 장독대를 없애버렸다. 이 두 가지 점이 종래의
'아파트'와 다른 점이다. 난방시설만 잘되어 있다면 온돌이
아니라도 곧 습관화될 것 같고, 오히려 젊은이들은 의자 생활에
매력을 느낄지도 모를 일이다.

그러나 장독대는 문제다. 개량 메주다 뭐다 해서 시간의 절약을
꾀해보려는 주부들의 움직임은 요즘 활발해졌으나 된장, 고추장,
간장을 모두 시장에서 사다 먹기에는 아직 꺼리고 있는 것 같다.
(…) 더구나 한겨울 집집마다 특색 있게 담아서 땅속에 묻어둘
김치 항아리를 어떻게 버릴 수 있을까 더욱 의문이다. 이 점에
대하여 건설자 측에서는 각종 '식품 제조공장'을 '아파트' 주변에
지어서 '통조림'을 중심으로 한 식생활의 개선을 도모하고
식품들을 구매장에서 구입하는 그런 생활을 장려하겠다고 한다.
'아파트'라야 우리나라에 몇 개 없다. 지금까지 예로는
공동생활의 훈련이 부족한 사람들이 섞여 있어 생활하는 데
불쾌한 일이 적지 않다고 전한다. 생활 개혁과 공동생활의
훈련을 도모하기 위해 시범으로 건설하는 이 '아파트'가
성공한다면 장차는 주택과 공동시설이 함께 마을을 구성해줄
'아파트'가 잇따라 세워질 것이라 보는데, 이 성공 여부에 따라
대한주택공사에서는 장차 을지로에 11층 고급 '아파트'를 지을

계획을 세우고 있다.○

○   『동아일보』1962년 7월 30일자.

3 조각가 김영중에게 의뢰해
제작한 단지 내 분수대 일대 조각물.
출처 : LH토지주택박물관
주택도시역사관 전시 도록

4 마포주공아파트에서
특별히 강조했던 어린이놀이터.
출처 : 대한주택공사 홍보실

서슬 퍼런 국가재건최고회의 시절의 언론 자유를 고려할 때
나아가 기사를 작성한 기자 개인의 주관적 선호와 입장 등에
따라 인용문 행간을 달리 읽을 수 있을 것이다. 이런 점을 충분히
참작한다 하더라도 5·16 쿠데타와 함께 들어선 권력 집단이
마포아파트를 생활 혁명을 위한 실험 대상으로 간주했음은
분명해 보인다. 쿠데타와 아파트에 대한 찬성과 반대, 호불호를
넘어서서 말이다. '생활개혁'과 '공동생활의 훈련' 등은 박정희가
언급한 '생활혁명'과 '현대적인 집단 공동생활양식'과 맞닿아
있으며, '입식생활'과 '장독대의 철폐', '라디에이터 난방 방식'
등은 '고식적이고 봉건적인 생활양식에서 탈피'의 구체적인
내용이다. '주택과 공동시설이 함께 마을을 구성하는 아파트'가
곧 권력집단이 꿈꾼 이상형이었던 셈이니 신문기사가 전한
내용은 절대 권력층이 상정한 이미지와 대체로 부합했다. 아니,
오히려 더 잘 풀이한 것인지도 모를 일이다.

설계변경

10층 주거동 11개로 구성한 마포주공아파트 최초 설계는
1961년 9월 일단 마무리됐고, 대한주택영단의 기관지 『주택』은
같은 해 12월 20일에 제7호를 발간했다. 쿠데타의 여파
때문인지 발간 시기는 평소보다 넉 달 정도 늦어졌다. '발간이
늦어졌음을 우선 사과'한다는 내용이 담긴 「편집 후기」에는
"혁명이 있은 지 반년이 겨우 지난 오늘 주택영단에서는
우이동에 211호, 답십리에 80호, 이태원에 61호의 국민주택을
완성했고, 대규모인 10여 동의 10층 '아파트'가 마포 지구에
세워질 수 있을 것이라는 걸 생각하니 '복지사회 건설의 참된
역군'이 되어간다는 의미에서 사뭇 흐뭇한 감이 올해를 보내는

216

선물이라고 해둘까 싶다"○라고 전했다. 같은 쪽에 "반공을

→ 5 국시의 제1의로 삼고…"로 시작되는 「혁명공약」이 나란히 실려
있었다.

보통 잡지 편집이 발행 한 달 전까지도 이어진다는 사실을
감안하면, 적어도 1961년 11월까지는 10층 주거동 11개로
이루어진 마포아파트 최초 설계 내용이 여전히 유효했던
듯싶지만, 대한주택영단 문서과의 도면을 확인한 결과 1961년
9월에 작성된 Y자형(C-1형) 주거동은 이미 일부가 6층으로
바뀐 것을 확인할 수 있었다. 김희춘건축설계연구소에서
작성한 C-1형 1층 전체 평면도는 1961년 10월에 6층으로
변경됐다. 하지만 현장에서 작성한 것으로 보이는 Apartment
House C-1(제1-1차) 단면도는 이보다 한 달 앞선 1961년
9월에 작성되어, 6층으로 바꾸기 위한 검토 작업이 이보다 더
일찍 이루어졌다고 추정할 수 있다. 10층 도면과 6층 도면이
거의 동시에 그려지고 있었던 셈이다. 줄어든 4층은 정권의
프로파간다를 위한 이상적 그림과 타협할 수밖에 없었던 현실
사이의 거리였다. 그러나 이상과 현실은 동전의 양면이었다.
현실을 직시하고도 10층이라는 이미지는 유지되어야 했고,
역설적으로 6층의 현실은 10층의 이미지가 있어야 가능했다.

최초 구상한 10층 높이의 아파트 주거동이 6층으로 변경된
직접적이고 결정적인 이유를 정확히 확인할 길은 없다. 다만
대한주택공사는 미국의 반대와 함께 당시의 전력 사정과 기름
부족, 열악한 상수도 현황 등을 꼽았다. 당시 한국 경제를
좌지우지할 수 있었던 USOM(미국경제협조처)은 아파트보다
난민구호주택을 더 많이 지을 것을 강력하게 원했고,
언론에서도 전기와 유류 사정을 들어 중앙난방과 엘리베이터
설치에 대해 격렬하게 비난했다. 서울시도 마실 물이 귀한 판에
217 무슨 수세식 화장실이냐며 반대에 가세했다. 여기에 덧붙여

○   대한주택영단, 『주택』 제7호
(1961년 12월), 80쪽.

革 命 公 約

一. 反共을 國是의 第一義로 삼고 지금까지 形式的이고 口號에만 그친 反共態勢를 再整備 强化한다.

二. 유엔憲章을 遵守하고 國際協約을 忠實히 履行할 것이며 美國을 爲始한 自由友邦과의 紐帶를 더욱 鞏固히 한다.

三. 이나라 社會의 모든 腐敗와 舊惡을 一掃하고 頹廢한 國民道義와 民族精氣를 다시 잡기 爲하여 淸新한 氣風을 振作시킨다.

四. 絶望과 饑餓線上에서 허덕이는 民生苦를 時急히 解決하고 國家自主經濟再建에 總力을 傾注한다.

五. 民族的 宿願인 國土統一을 爲하여 共産主義와 對決할 수 있는 實力培養에 全力을 集中한다.

六. 이와같은 우리의 課業을 早速히 成就하고 새로운 民主共和國의 굳건한 土盞를 이룩하기 爲하여 우리는 몸과 마음을 바쳐 最善의 努力을 傾注한다.

| 編 . 輯 後 記 | |

여러가지 事情으로 7號 發刊이 늦어졌음을 于先 謝過드린다.

이제 막 저음이 깊어가고 있다.
함박 눈이 흣날리고
사람들의 입에선
정다운 입김이 새어 나오고
웃김들을 세우는데
어느듯 이 해도 저물어 가고 있나 보군요.

×   ×   ×   ×

革命이 있은지 반년이 겨우 지난 오늘 住宅營團에서 는 牛耳洞에 211戶 踏十里에 80戶, 梨泰院에 61戶의 國民住宅이 完功되었고 大規模인 10餘棟의 10層 「아파트」가 鷹浦地區에 세워질수 있을것이라는 걸 생각하니 「福祉社會建設의 참된 役軍」이 되어 진다는 意味에서 사뭇 흐뭇한 감이 이 해를 보내는 膳物이라고해 둘가 싶다.

그리고 住宅公社法이 곧 制定公布되어 지리라는 걸 생각하니 活潑해질 未來의 住宅政策에 對해 期待가 크다.

그러나 아직도
정의 혜택을 받지 못하는
집없는 이웃이 많음을 再認識하여 좀더 많은 住宅이 이땅위에 建設되어 지기를 바라는 맘 간절하다.
새 해에 다시 만나기로 하겠다.

| 檀紀 4 2 9 4 年 1 2 月 1 0 日   印刷 |
| 檀紀 4 2 9 4 年 1 2 月 2 0 日   發行 |

發行人   張 東 雲
編輯兼
印刷人   朴 勝 泰

發行所   서울特別市 中區 小公洞 45 番地

大 韓 住 宅 營 團
電話 ②8021 ②8022 ②5447

印刷所   光明印刷公社   登錄 檀紀 4293年 7月 1日 登錄番號 E—53號

218

5 『주택』 제7호(1961년 12월)에
실린「혁명공약」.

상습 침수지였던 부지의 지반이 견고하지 못해 10층이나 되는 육중한 건물이 들어서기 어렵다는 전문가들의 의견도 있었다. 6층으로 변경되면서 중앙난방도 개별 연탄보일러로 바뀌었다. 이 반대 의견 가운데 군사 정부가 결코 무시할 수 없었던 것은 무엇일까? 미국이다.

미국의 반대

그렇다면 USOM은 왜 10층 높이의 마포주공아파트를 반대했을까? 1961년 11월 15일 USOM은 대한주택영단과 Y자형 주거동 6개로 이루어진 1단계 임대아파트에 대해 설계협의를 한 바 있다.○ 그리고 그 협의 결과를 일주일 뒤인 11월 22일에 문서로 만들어 회람했다. 내용은 대한주택영단의 마포아파트 최초 설계에 대해 USOM이 처음부터 끝까지 모든 항목에 대해 불만족한다는 것이었다. 길지만 전문을 번역해 옮긴다.◎ 대한주택영단의 구상안에 대해 미국이 왜 반대했는지 구체적으로 확인할 수 있는 중요한 문서이기 때문이다. 그리고 1960년 초 한국 건축이 무엇을 할 수 있었고, 무엇을 상상하지 못했는지를 타자의 눈으로 객관적으로 진단한 내용이기 때문이다. 편지지 3장 분량으로 일목요연하게 정리된 내용은 → 6 다음과 같다.

○ 앞서 언급한 것처럼 대한주택영단은 1961년 9월에 이미 10층 주거동을 6층으로 낮추는 설계변경을 내부적으로 검토하고 있었음에도 불구하고, 그로부터 두 달이 지나 1961년 11월 15일 열린 USOM과의 회의에서 설계변경 이전의 10층짜리 주거동 설계 내용을 놓고 협의에 나섰다.

◎ 이 문건에 'Proposed Apartment Housing, Mokpo, Seoul, Korea'라는 제목이 달렸는데, Mokpo는 Mapo의 잘못된 표기로 보인다.

UNCLASSIFIED

Housing

PSD-H

November 22, 1961

THROUGH: UD

George Graeber, UD-C

Proposed Apartment Housing, Mokpo, Seoul, Korea

Economics, architectural design and construction are three features of apartment design that should not be separated. At your request, however, a cursory review of the drawings for the subject project has been made solely from the architectural viewpoint with incidental comments relating to economics and construction.

In the discussion, November 15, with the Korean housing representatives, it was noted that the reinforced concrete frames for six buildings, C-1 and C-2 types, are currently under contract for construction. The following comments relate to these buildings only.

A. Site Plan

1. The only topographical drawing is extremely incomplete. Proceeding with construction on the basis of such information means that higher costs are inevitable and it is impossible to make any constructive suggestions.

2. Only a block plan of the buildings and the road plan have been indicated on the Site Plan. The problems of access, water and sewage lines, power and lighting, surface drainage, etc., remain to be solved. It is hoped that the boiler house is located in relation to the prevailing breeze so that smoke will not be blown towards the buildings.

B. Architectural

1. There is little variation in the basic planning for the two types. The only major differences are in the size of the units and one wing of the C-2 type has four single bedroom units in lieu of the C-1 type that has two units, each containing two bed rooms. This lack of unity is questioned for the costs of design and construction are increased because of the two types. As there is so little difference, one type would have done the job.

2. The necessity of five different widths in the bays is questioned. Simplicity in plan and savings in costs would result from one standard width throughout.

3. Considerable saving and simplicity of construction would be realized if doors, windows and many other details were the same. There is no indication that this is so.

4. If any provisions for fire protection are planned, they are not obvious. The hazard of one stairway in a ten story building is obvious, and

UNCLASSIFIED

220

6a 10층의 마포아파트 C-1형 및
C-2형 6개 동의 아파트 건설계획에
대한 USOM 코멘트(1961·11·22).
출처 : 미국국립문서기록관리청

this stairway is not enclosed.

5. The entrance hall in some of the apartment is wasteful of space.

6. The size of the balconies appear to be excessive in relation to living area, and drainage is not indicated. Open railings rather than solid concrete are preferred for both view and ventilation.

7. Nothing is noted concerning the finishes for the various rooms. Wood floors are shown for the living and sleeping areas; other flooring materials should be considered for reasons of appearance, maintenance, safety and costs.

8. Some shopping facilities would appear to be mandatory, for both food and fuel will be sold in the premises and provisions should be made for them.

9. Adequate living space must be provided in the planning and 7.5 x 8.5 bedroom is small.

10. Five trash chutes for ten apartments is difficult to justify.

11. Unfortunately, in the drawings, there are no details other than general plans.

C. Structural

1. No attempt has been made to review the structural design.

2. The discussion indicated that adequate sub-soil investigations were not made before proceeding with the foundation work. The only result will be greater costs, for intelligent design was impossible.

3. There are no details on the structural drawings indicating the necessary work (floor openings, inbedded piping, sleeves, inserts, etc.) to accommodate the related architectural, electrical, mechanical and elevator trades. The inevitable result will be costly changes to accommodate the related work.

4. 8.5 floor-to-floor height is questioned for only 6.5 clearance is obtained with the 2.0 deep beams.

5. Discrepancies between the drawings have also been noted. One example is that railings are shown as being concrete on the architectural drawings while on the structural details they are indicated as being metal.

D. Mechanical

1. Assuming that coal briquetts will be used for cooking, there is no indication of the smoke stack for the kitchens. Space for fuel storage has not been provided.

6b   1Ø층의 마포아파트 C-1형 및
C-2형 6개 동의 아파트 건설계획에
대한 USOM 코멘트(1961·11·22).
출처: 미국국립문서기록관리청

2. The toilets should be restudied to provide more efficient use of space and mechanical arrangement. There is no indication of the space that will be required for waste and vent pipes. Adequate mechanical ventilation should be provided for the inside toilets and the fans will require continued maintenance. The use of western type water closets is questioned.

3. Nothing has been shown relating to the heating, and if steam or hot water is to be used the problems of the piping must be solved, particularly the crossing under beams with their restricted head room.

4. The disposal of storm water has not been solved.

5. The necessary tanks, pumps, etc., required for the water supply are not indicated on any of the drawings.

E. Electrical

1. Nothing has been indicated for electrical power and lighting requirements. This includes a great deal of work that should have been incorporated and coordinated with the architectural and structural drawings.

2. One elevator in buildings of this size is questioned. Waiting time will be unsatisfactory and when the one elevator is out of service a ten story climb is an unpleasant prospect.

F. Conclusion

The indicated technical information for a project of this scope is un-coordinated and incomplete.

The general design is questioned. When it is realized that over 20% of the gross floor area is used for lobbies and public circulation, the proposed plans are difficult to justify. A unified plan would be superior to the proposed six buildings in land use, orientation, efficiency and costs.

George C. Graeber

DISPATCHED
NOV 22 1961
ADM-C
USOM/KOREA

GCGraeber:kjk:UD-C:11-22-61

Clayton, UD-C
22 Nov 61

6c   10층의 마포아파트 C-1형 및
C-2형 6개 동의 아파트 건설계획에
대한 USOM 코멘트(1961·11·22).
출처 : 미국국립문서기록관리청

미분류 문건

PSD_H(Public Service Department_Housing)

1961년 11월 22일

경유:　　UD(Urban Development)

조지 그래버, UD_C(Urban Development_Chief)

마포주공아파트 제안, 마포, 서울, 대한민국

아파트 설계에 있어 경제성과 설계, 시공은 결코
따로 논의되어선 안 될 3가지 서로 다른 측면이다. 그러나
대한주택영단 측의 마포아파트 프로젝트는 주로 건축설계에만
집중, 주목하고 있는 도면이어서 여기에 부수되는 경제성과
시공성의 측면에서 급히 검토한 의견을 제안하고자 한다.

(1961년) 11월 15일 대한주택영단 대표자들과 가졌던
논의 과정에서 대한주택영단은 먼저 시공에 들어갈 C-1형 및
C-2형의 건축물 6동이 철근콘크리트 골조라는 점과 더불어
시공사 선정 계약을 추진하고 있음에 대해서는 한 번도 언급한
적이 없었다. 우리는 이들 6개 동의 건축물에 국한해 다음과
같은 의견을 제시한다.

A.　배치계획

1.　지형 조건에만 주목한 도면은 완성도가 너무
떨어진다. 이러한 정도의 도면 정보만으로 시공이 진행된다면
시공 단가가 계속 상승할 것이 불가피할 뿐만 아니라 그것이
어떻게 지어질 것이라는 사실도 전혀 예측할 수 없다.

223　　　　2.　배치도에는 오직 도로계획과 건축물 배치만 표시되어

있어 진출입 동선, 상하수도 계통, 전력망과 조명, 표면 배수
등등에 대한 해결책이 제시되어 있지 않다. 보일러실도 해당
지역의 통상적인 바람 방향과 관련해 위치가 정해져야 매연이
주거동 방향으로 향하지 않을 것이므로 이에 대한 검토가
필요하다.

B. 건축설계

1. 오직 2가지 유형으로 구성된 기본계획은 다양성이
극히 제한적이다. 유일한 차이점을 꼽으라면 단위주거(units)의
크기 차이와 C-2 유형의 한쪽 날개에 2침실형 단위주거가
2세대 위치하는 것에 비해 C-1은 그저 1침실형 4개 단위주거가
들어선다는 것뿐이다. 따라서 유형이 2가지라는 점은 통합성의
결여를 초래해 설계 노력과 더불어 시공 비용의 상승을 야기할
것이 우려된다. 따라서 거의 차이가 없다는 점에서 오히려
유형을 하나로 통합하는 것이 합리적이다.

2. 주거동의 전면 폭이 서로 다른 5가지 단위주택을 굳이
한곳에 적용해야 할 필요성에 대해 회의적이다. 하나의 표준
폭을 정하는 것이 평면을 단순하게 만들고 비용을 줄인다는
점에서 당연히 필요하다.

3. 시공의 단순함과 비용 절감을 위해서도 출입문과
창호뿐만 아니라 많은 다른 경우도 디테일이 같아야 한다.
현재의 내용은 이러한 점을 전혀 포함하지 않고 있다.

4. 방화계획 역시 불분명하다. 10층 건축물에 단 하나의
계단실로는 위험하다는 것이 분명하다는 점에서 계단실은
반드시 외기에 노출되어야 한다.

5. 주거동의 1층 출입구 부분은 공간 낭비가 너무 심하다.

6. 발코니의 크기 역시 실제 거주공간에 비해 과도하고,   224

배수 방식을 전혀 고려하지 않고 있다. 조망이나 환기를
위해서도 콘크리트 구조물보다는 개방형 난간을 두는 것이
바람직하다.

7. 단위주거 각 실의 마감에 대해 아무런 언급이 없다.
침실과 거실의 바닥을 널마루로 한다고 표기되어 있는데,
모양이나 유지 혹은 안전과 비용의 측면에서 다른 바닥재
검토가 필요하다.

8. 지하층 점포 시설은 양곡이나 연료와 같은 필수적인
것을 우선해야 하고, 오히려 점포 병용주택을 검토하는 것이
바람직하다.

9. 적당한 크기의 거주공간이 설정되어야 하므로
2.3×2.6미터의 침실은 원론적으로 좁다고 할 수 있다.

10. 10가구가 5개의 쓰레기 투입구(trash chutes)를
사용한다는 것은 결코 정당화할 수 없다.

11. 안타깝게도 도면은 일반적인 곳 이외에는 어느 것도
자세하게 표기하지 않고 있다.

C. 구조

1. 구조설계에 대한 검토가 전혀 없다.

2. 기초공사 작업에 앞서 확인해야 하는 하층토
조사에 관한 내용이 없다. 토질조사가 선행되지 않으면 시공
과정에서 비용 증가가 엄청날 것이며, 좋은 설계가 원천적으로
불가능하다.

3. 구조 도면에 반드시 표기해야 할 건축, 전기, 기계 및
엘리베이터 운행과 관련한 디테일(예를 들면 바닥 개구부,
매설 파이프, 슬리브와 인서트 등)이 전혀 없다. 따라서 이들을
반영한다면 추정 비용도 다시 바뀔 것이다.

4.　2.6미터 층고를 산정했는데, 보의 깊이가
60센티미터라면 순(純)높이는 2미터에 불과하므로 의문이다.

5.　도면들이 서로 일치하지 않고 있다는 사실을 언급하지
않을 수 없다. 건축도면에서 분명하게 표기한 난간이 구조
상세도에서는 단순 강재로 표기되어 있는 경우가 대표적이다.

D.　기계

1.　취사연료로 연탄(coal briquetts)을 상정하고 있는데
이로 인해 주방에 모이게 될 연기의 배기에 대한 내용은
언급하지 않고 있다. 더구나 연탄을 쌓아 놓을 공간이 없다.

2.　변소는 공간 활용과 설비의 효율성 제고를 위해
반드시 재검토하여야 한다. 배설물 처리와 환기 등을 위한
파이프 설치에 대해 언급한 것이 없으며, 반드시 악취 방류를
위해 팬과 더불어 기계적 장치가 들어가야 한다. 서구형 수세식
화장실 설치에 대해 의문이다.

3.　난방 방식에 대한 언급이 전혀 없다. 스팀난방 혹은
온수난방이 사용될 것이라면 배관 문제가 반드시 선결되어야
한다. 특히 이들 배관이 보 아래에서 교차할 경우 층고를
낮출 수 있다는 사실을 알아야 한다.

4.　폭우 대비책이 없다.

5.　식수 공급을 위한 물탱크와 펌프 등등이 필요할
것인데 이를 전혀 확인할 수 없다.

E.　전기

1.　전력 공급과 조명에 관한 정보를 전혀 확인할 수 없다.
이와 관련해 적지 않은 일들이 발생할 것이므로 협의를 통해

건축 도면과 구조 도면에 반드시 이를 반영해야 한다.

    2.   주거동마다 한 대의 엘리베이터를 둔다는 것에
회의적이다. 승강기 대기 시간이 불만족스러울 것이며
엘리베이터가 고장을 일으킬 경우에는 10층을 걸어 올라가야
하는 불편함이 초래될 것이다.

F.   결론

마포아파트 건설사업과 관련해 드러난 기술 정보는
조화롭지도 않으며 불완전하다. 특히 기본 설계(general
design)는 회의적이다. 바닥면적의 20퍼센트 이상이 로비와
통로 등으로 쓰인다는 점에서 제안된 평면은 정당성을 갖기
어렵다. 따라서 대한주택영단이 제안한 6개 동에 앞서 토지
이용, 주거동의 향, 효율과 비용 등의 측면에서 통합적인 대안을
먼저 마련해야 한다.

조지 C. 그래버(George C. Graeber)

1961년
11월 22일
발송
(USOM
KOREA)

GCGraeber:kjk:UD_C:11-22-61

MINISTRY OF CONSTRUCTION
Republic of Korea
Seoul, Korea

Sept. 21, 1962

LETTER OF COMMISSION

Mr. Guido Nadzo
Senior Housing Advisor
USOM to Korea
Seoul, Korea

I take the pleasure in appointing you
a member of the Housing Advisory Committee.

Bak Lim Hong

Lt. General,
Minister

위　촉　장

유솜 수석 주택고문관

귀도 .나죠(Guido Nadzo)

주택 자문 위원회 위원을 위촉함

1962 년

건 설 부

006057

7　USOM의 귀도 낫조
수석주택고문관을 건설부
주택자문위원회 위원으로
위촉한다는 위촉장(1962·9·24).
출처 : 미국국립문서기록관리청

USOM의 검토 의견은 점잖은 외교적 형식을 취했지만 내용은 전혀 그렇지 않다. 설계 자체가 모든 면에서 미흡하다고 평가하며 통합적 대안 마련이 우선이라면서 대한주택영단의 마포아파트 프로젝트를 노골적으로 반대하고 있다. 미국의 이러한 반대가 이후에도 계속될 것을 염려했기 때문인지 정부와 대한주택영단은 USOM의 의견을 수용해 10층이던 아파트 구상안을 6층으로 낮췄고, 1962년 9월 USOM의 수석주택고문관인 귀도 낫조를 건설부 주택자문위원회

← 7 위원으로 위촉하며 먼저 관계 개선에 나섰다. 귀도 낫조가 건설부 주택자문위원회 위원으로 위촉된 건 이때가 처음이 아니었다. 이승만 정권 시절인 1956년 8월 19일 정부를 대표한 보건사회부는 향후 정부 계획에 의해 공급되는 모든 주택의

→ 8 기획과 기술 등에 대해 자문하기 위해 주택자문위원회와 주택건설위원회를 두어 주 1회 회의를 하기로 했고, 분과위원회로는 기획분과와 기술분과를 두었다. 귀도 낫조는 이때 경제조정관실(OEC) 대표 자격으로 주택자문위원회와 주택건설위원회 위원이자 기획분과위원회 공동위원장을 맡은 바 있다. 귀도 낫조는 한국전쟁 후 재건 과정에서 전개된 한국의 주택 정책에 대해 누구보다 밝은 인물이었다. 쿠데타 세력에 대한 미국의 판단에 예민할 수밖에 없었던 국가재건최고회의는 그런 그의 반대를 결코 가볍게 여길 수 없었을 것이다. 1장에서 언급했듯 귀도 낫조는 대한주택공사의 준공식에 USOM 대표가

→ 9 참석하는 것을 반대하기도 했다.

귀도 낫조의 일관된 반대는 미국의 마파아파트에 대한 평가를 그대로 드러내는 지표다. 앞의 문서에서 소상히 밝힌 대로, 마포아파트 계획은 규모에 적합한 기술적 수준에 미치지 못했으며, 예산과 주택 문제를 고려했을 때 1962년

229 한국 정부가 시행하는 사업으로 부적절하다는 결론이었다.

HOUSING ADVISORY BOARD

☐ 외국인(OEC 및 UNKRA 대표)

※ 비고(밑줄은 건설위원회 비중복 위원)

Board Members:

Dr. Chung Joon Mo, Chairman of the Board (Minister, of Health & Social Affairs)	— 보건사회부 장관-자문위원회 위원장
Mr. Shin Hyo Sun, Vice-Chairman of the Board & Co-Chairman of Planning Committee (Vice Minister MHSA)	— 보건사회부 차관-자문위원회 부위원장 기획분과위원회 공동위원장
Mr. Kim Yoon Ki, Vice Chairman of the Board & Chairman of the Technical Committee (Korean Institute of Architects, Vice Minister of Transportation)	— 교통부차관-부위원장, 건축가협회 기술분과위원회 공동위원장
Mr. Guido Nadzo, Co-Chairman of the Planning Committee (OEC) 미국	— 경제조정관실-기획분과공동위원장
Mr. Olaf Hoeck, Co-Chairman of the Technical Committee (UNKRA) 덴마크	— 유엔한국재건단-기술분과공동위원장
Mr. Lee Yol Mo, Member of the Planning Committee (Ministry of Finance)	— 재무부-기획분과위원
Mr. Chang Ha Jung, " " " (Ministry of Reconstruction)	— 부흥부-기획분과위원
Mr. Kim Byong Wha, " " " (Director, Korean Housing Administration)	— 대한주택영단 이사장-기획분과위원
Mr. Yoon Jin Woo, " " " (Ministry of Home Affairs)	— 내무부-기획분과위원
Mr. Kim Duk Whang " " " (MHSA)	— 보건사회부-기획분과위원
Mr. Kang Dong Soo, Secretary of Planning Committee (MHSA)	— 보건사회부-기획분과위원회 간사
Mr. Lee Hong Sup, Member of Technical Committee (Pres. Ko. Contractors Ass.)	— 한국건설협회 회장-기술분과위원
Mr. W. Waggaman " " " (OEC) 미국	— 경제조정관실-기술분과위원
Mr. Lee Kyun Sang " " " (Pres. Korean Institute of Architects)	— 한국건축가협회 회장-기술분과위원
Mr. Cho Sung Chul " " " (Central Mills Supply)	— 중앙산업 대표-기술분과위원
Mr. Hong Bung Ki " " " (Prof. Han Yan Technical College)	— 한양공대 교수-기술분과위원
Mr. Yoo Duk Ho " " " (Chief Engineer & Korean Housing Administration)	— 대한주택영단 기술이사-기술분과위원
Mr. Kim Soon Ha " " " (Korean Institute of Architects)	— 한국건축가협회-기술분과위원
Mr. Lee Chun Sung " " " (Member Korean Institute of Architects & Technician for National Assembly)	— 국회기술위원, 한국건축가협회-기술분과위원

8 1956년 8월 19일 처음 발족한
정부 주택자문위원회 위원 명단.
출처: 미국국립문서기록관리청

230

9 청와대에서 있었던 박정희
대통령의 킬렌 USOM 처장 이임 환담
(1964·6·26). 출처: 국가기록원

이런 사업에 미국이 구체적인 지원을 하거나 힘을 실어줄 수 없다는 입장이었다. 미국의 입장에서는 박정희 정권의 이상을 무리해서 실현시켜줄 이유가 전혀 없었다. 반면, 민정이양 약속 기한을 얼마 앞둔 국가재건최고회의의 군인들에게는 미국의 반대에도 불구하고 강행해야 하는 사업이 마포아파트였다. 다가올 1963년 제5대 대통령선거와 제6대 국회의원선거를 준비하기 위해 반드시 필요했다. 혁명의 가시화를 위해 도화동 연와공장은 마포아파트단지로 변모해야만 했다.

7

임대에서
분양으로,
한국 주택
공급의 운명

공동주택, 특히 정부가 공급을 주도하는 공동주택은 설계와
건설 이상으로 운영과 유지가 중요하다. 거의 동일한 아파트가
세인트루이스에서 슬럼이 되고 서울에서는 가장 안전한
자산으로 자리 잡게 된 것도 건물의 형태가 아니라 소유와 유지
방식에서 생긴 차이의 결과다. 한국인이 욕망하는 아파트는
물리적 형태인 동시에 제도, 금융, 소유 방식의 복합체다.
마포주공아파트의 공급과 관리 방식의 변화에서 그 단초를
발견할 수 있다.

　　마포주공아파트의 공급과 관리는 크게 세 가지 국면으로
나누어볼 수 있다. 1차 준공분에 해당하는 Y자형 아파트 6동
450호는 모두 '임대용' 주택이었다. Y자형 주거동을 에워싸듯
들어선 一자형 주거동 4동 144호(2차 준공분)는 계획 단계부터
'분양'을 염두에 둔 것이다. 그러다 1967년 기존 Y자형
임대아파트 450호 전체가 분양으로 전환된다.

　　임대냐 분양이냐는 단순히 마포아파트의 관리에만
국한되는 문제가 아니었다. 주택 공급에 관한 주택공사의
역할과 정부 정책의 향방을 결정지었을 뿐 아니라, 이후

1 1차 준공 직후 촬영한 마포아파트
항공사진. 출처 : 국가기록원

분양받은 소유자가 관리와 재개발을 모두 결정하게 됨으로써
아파트단지가 폐쇄적 단위로 변모해간 원인으로 작용한다.

Y자형 아파트(C형 주거동) 임대

마포아파트단지의 Y자 주거동 5개에 대한 임대공고가 처음
신문에 등장한 것은 1962년 11월 13일이다. 9평형 132세대,
10평형 138세대, 12평형 72세대 그리고 15평형 24세대 등
366세대가 그 대상이었다.○ 대한주택공사에서 8호동으로 잠정
이름 붙인 C-2형(Y자를 이루는 날개 가운데 상대적으로 길이가
짧은 하나가 복도를 중간에 두고 세대가 서로 마주하는 유형)

하나는 공사가 지연되는 바람에 최초 임대분에서 제외했다.◎
  1963년에 제정된 「공영주택법」에 따르면, 마포아파트
1, 2차 준공 당시 '아파트는 도시지역에 건설되는 1종 주택으로
대한주택공사가 공급의 주체가 되며, 3층 이상의 임대용
건축물'을 말한다. '연립주택 및 단독주택은 서울특별시 등
지방자치단체가 공급하는 2종 주택으로 2층 이하 혹은
단층 건축물로 분양하는 주택'으로 규정했다. 그러니까
적어도 1963년의 시점에 아파트는 도시에 공공이 공급하는
임대주택이었다. 1종 공영주택을 전제로 개발한 C형의 임대
안내문은 1960년대 초 「공영주택법」 제정 전후의 상황을 알게
하는 매우 중요한 단서를 담고 있어 이를 좀 더 세밀하게 살필

235

○ 같은 9평형이라도 실제는 8.71평,
8.91평, 8.98평 등으로 여러 크기의
유형이 있었으며, 다른 평형의 경우도
마찬가지였다. 『경향신문』 1962년 11월
13일자 임대 안내 참고.

◎ 여러 시기에 걸쳐 촬영한
마포아파트 사진들을 자세하게
살펴보면 같은 동이라 하더라도 촬영
시기에 따라 동의 번호가 다름을
확인할 수 있다. 이는 대한주택공사가
시공 과정에서 공구별로 동 번호를
따로 정해 불렀거나 아니면 숫자 4처럼
일부러 그 숫자를 사용하지 않았거나,
혹은 임대아파트를 분양으로 전환하는
과정에서 다른 번호를 부여했기
때문이다.

마포 아파ー트 임대 안내

당 공사에서는 재래생활양식을 지양하고 시민 여러분의 주택난을 실질적으로 해결하기 위하여 마포화동에 우아한 현대식 6층건물 아파트 5동 三六六세대 (八호동은 공경자연으로 제외)를 건설하고 수도, 전기, 난방등을 위시하여 입주자 여러분의 불편이 없도록 제시설을 완비하였아오니 희망하시는분은 다음 요령에 의거 많이 신청하시기 바랍니다.

一, 입주자격 : 대한민국 국민으로서 입대료 납부능력이 있는분

二, 구비서류 : 가, 주민등록표 1통 (동장발행)
　　　　　　　나, 주민등록초본 1통 (당 공사 소정양식)

三, 모집금 및 입대료 :
　가, 모집금은 월입대료 1개년분으로 하고 1,000권 단위에서 절상함
　나, 층별 입대료

	8.71평	8.91평	8.93평	9.33평	9.73평	10.평	11.55평	12.24평	15.36평
1	2,440	2,490	2,510	2,610	2,720	2,800	3,241	3,430	4,290
2	2,320	2,380	2,400	2,490	2,600	2,800	3,240	3,433	4,290
3	2,170	2,220	2,240	2,330	2,420	2,670	3,093	3,270	4,100
4	2,040	2,080	2,100	2,183	2,283	2,493	2,893	3,050	3,850
5	1,880	1,930	1,947	2,020	2,100	2,341	2,710	2,870	3,590
6					2,163	2,553	2,653		3,320

四, 접수일시 : 1962년 11월 14일 9시부터 1962년 11월 17일 17시까지

五, 접수장소 : 마포 아파ー트 관리소

六, 입주자결정방법 : 평수별로 공개추첨함

七, 입주청당일은 : 1962년 11월 18일 (일요일) 하오 13시

八, 가, 주청장소와 동일함
　　나, 모집금 (가급적 보수) 파 인장을 지참하시압

九, 주택종별 :
　가, C-1형
　　　　C-2형 (6·7등)
　나, C-3형

(ㄱ)

一〇, 입주예정일 · 1962년 12월 5일
기타 상세한것은 1962년 11월 2일 업무과 또는 마포 아파ー트 관리소내 분의하시기 바랍니다.

대 한 주 택 공 사

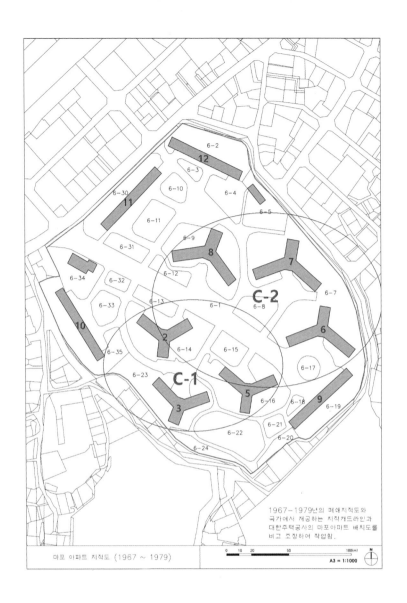

마포 아파트 지적도 (1967 ~ 1979)

1967-1979년의 폐쇄지적도와
국가에서 제공하는 지적캐드라인과
대한주택공사의 마포아파트 배치도를
비교 조정하여 작업함.

237

3 마포아파트 최초 임대
당시(1962·11) 주동 유형 및 동 번호.
©권이철

필요가 있다.

서로 다른 평면 9개를 5개 주거동으로 구성해 모두 366세대를 이룬 마포아파트의 임대 보증금과 월 임대료는 모든 평형에서 1층과 2층이 같았으며, 다른 층에 비해 상대적으로 비쌌다. 당시 대부분의 시민들은 좁더라도 마당을 갖춘 단독주택을 동경하면서 지면과 연결되거나 가까운 1~2층을 가장 선호했기 때문이다.○ 엘리베이터가 설치되지 않으니 쉽게 드날 수 있다는 장점도 있었다. 따라서 평균 보증금과 월 임대료는 평형과는 비례했으나 층수와는 반비례했다. 그러므로 가장 높은 6층이 보증금이며 월 임대료가 상대적으로 가장 헐했다. 다음은 임대공고 내용을 그대로 정리한 것이다.

마포아파트 건평별/층별 월 임대료(원)

	9평형			10평형			12평형		15평형
	8.71평	8.91평	8.98평	9.33평	9.73평	10평	11.56평	12.24평	15.36평
1층	2,440	2,490	2,510	2,610	2,720	2,800	3,240	3,430	4,290
2층	2,440	2,490	2,510	2,610	2,720	2,800	3,240	3,430	4,290
3층	2,320	2,380	2,400	2,490	2,600	2,670	3,090	3,270	4,100
4층	2,170	2,220	2,240	2,330	2,420	2,490	2,890	3,050	3,830
5층	2,040	2,080	2,100	2,180	2,280	2,340	2,710	2,870	3,590
6층	1,880	1,930	1,940	2,020	2,100	2,160	2,500	2,650	3,320
건평별 평균	2,215	2,265	2,283	2,373	2,473	2,543	2,945	3,117	3,903
평형별 평균		2,254			2,463			3,031	3,903

※　건평별 평균 임대료는 지은이가 추가한 것임

○　『조선일보』1962년 11월 28일자「작은 방 안 나가: 시세 없는 마포아파트」기사는, 12월 1일 준공을 하루 앞둔 11월 말이 되어도 입주신청자가 189명으로 절반에도 미치지 못하고, 아직 261세대가 빈 채로 남아 있다면서 6층이 제일 먼저 나갔고 3층 이상인 경우도 거의 나갔다고 썼다. 덧붙여, 1층은 보증금이나 월 임대료가 비싸고 도난의 우려가 있어 인기가 낮다고 분석하고 있다.

1. 대상 마포구 도화동 6층 아파트 5개 동 366세대(8호동은 공정 지연으로 제외)로 기준일자는 1962년 11월 12일
2. 보증금은 월 임대료 1년분(12개월)으로 하고, 1,000원 단위에서 절상(切上)
3. 입주자 결정은 평수별로 공개 추첨하고 입주 예정일은 1962년 12월 5일
4. 주택종별 C1형(2, 3, 5동) / C2형(6, 7동)
5. 세부 내용

유형	평형	평	호수(호)	임대용 세대(호)	유형	평형	평	호수(호)	임대용 세대(호)
C-1	9평형	8.71	18	36	C-2	9평형	8.91	96	96
		8.98	18			10평형	10.00	48	48
	10평형	9.33	18	90		15평형	15.36	24	24
		9.73	72		소계				168
	12평형	11.56	36	72					
		12.24	36						
소계				198	총계				168

1962년 11월 20일에 다시 「마포아파트 임대 안내」가 신문에 실렸다.◎ '8호동은 공정 지연으로 제외'했던 11월 13일의 광고 이후 정확하게 일주일 뒤였다. '제8호동이 준공됨에 따라 선착순으로 입주 신청을 접수'하게 되었다면서 9, 10, 12, 15평형을 대상으로 한다고 알렸다. 그런데 이상한 점이 있다. 앞선 입주자 모집에서 공정 지연으로 제외했던 8호동은 C-2형이고, 9평과 10평, 그리고 15평형으로 구성되어 있는데 별안간 12평형도 입주자를 모집한다니 전체적으로 아귀가 잘 들어맞지 않았다.

건평별 보증금과 월 임대료는 일주일 전의 임대 공고문과 정확하게 일치하지만 새로 공지한 임대 안내에는 몇 세대가

→ ④

239

◎ 「마포아파트 임대 안내」,
『동아일보』 1962년 11월 20일자.

麻浦아파―트賃貸案內

當公社가 麻浦區桃花洞에 建設中에있는 麻浦아파―트의 入住申請은 抽籤에
依해 決定한바 있으나 今般 第八號棟이 竣工됨에 따라 先着順으로 入住申
請을 接受中에 있아오니 希望하시는분은 다음要領에 依據 申請하여 주시기
바랍니다

一, 入住 資格　大韓民國國民으로서 賃貸料納付能力이 있는者

二, 具備 書類　가, 住宅賃貸申請書　一通 (當公社所定樣式)
　　　　　　　나, 住民登錄謄本　一通 (洞長發行)

三, 保證金및賃貸料　가, 保證金은 月賃貸料의 一個年分으로하고 一,〇〇〇원單位에서 切上함
　　　　　　　　　나, 層別月賃貸料

建坪別／層別	坪						備考
一							
二							
三							
四							
五							
六							

四, 接受日時　一九六二年十一月二十一日九時부터

五, 接受場所　麻浦아파―트管理所

六, 入住者決定方法　先着順으로함

七, 保證金收納　接受와同時 (可及的保手) 收納함

八, 接受對象住宅　9坪·10坪·12坪·15坪

九, 入住 豫定日　一九六二年十二月五日

其他　詳細한것은 當公社建築務課 (電(3)8637) 또는 麻浦아파―트管理所 (電(4)2193)에 問議하
시기바랍니다

西紀一九六二年十一月二十日

大韓住宅公社

4　「마포아파트 임대 안내」.
출처:『동아일보』1962·11·20

임대 대상인지도 밝히지 않았다. 게다가 입주자 선정 방법도
전격적으로 '추첨에서 선착순으로' 바뀌었다. 겨우 일주일 만에.

　1962년 11월 13일 신문 광고를 통해 알렸던 Y자형 5개
주거동 366세대 임대에 대한 입주 신청은 대한주택공사의
예상과는 달리 무척 저조했다. 신청자가 너무 적어 굳이
추첨까지 해야 할 이유가 없어진 것이다.○ 입주 신청 세대가
10분의 1에도 미치지 못해 계약금만 있으면 누구나 신청 기한과
상관없이 동과 호수까지 정해 입주할 수 있었으니 차마 임대
물량에 해당하는 세대수를 밝히지 못했다.

一자형 아파트(A형 주거동) 분양

一자형 아파트(A형)의 분양은 1964년 4월에 한 번 있었던
분양 공고와 같은 해 10월부터 12월까지 간헐적으로 계속된
분양으로 단계를 나누어 살펴볼 수 있다. '16.622평 36호와
16.766평 12호 등 48세대가 들어선 6층 건물 1동을 대상으로
했던' 1964년 4월 1일의 「아파트 분양 안내」◎는 선착순으로
'분양권에 대한 사전 신청'을 접수받는다면서 준공 예정일을
1964년 8월 20일로 공지했다. 이와 달리 1964년 10월의
분양 안내는 준공일을 1964년 11월 30일로 제시한 후 단순히
'1964년도 건설계획에 의한 국민주택과 아파트를 분양'◉한다고
밝히고 있다.

○　대한주택공사,
『대한주택공사20년사』, 238쪽에
"공사는 마포아파트의 입주업무를
개시했는데 의외에도 입주자가
적어 전 세대수의 10분의
1에도 미달이었다"고 적혀 있다.
자신만만하게 아파트 건설사업을
추진했으나 예상치 못한 결과를 얻었던
것이다. 그런 우여곡절이 있었지만

'1963년 여름철부터는 프리미엄까지
붙었다', '명동이 이사를 왔다'며
사람들의 칭찬이 대단했다는 것이
주택공사의 주장이다.

◎　「아파트 분양 안내」, 『경향신문』
1964년 4월 1일자.

◉　『조선일보』 1964년 10월 1일자

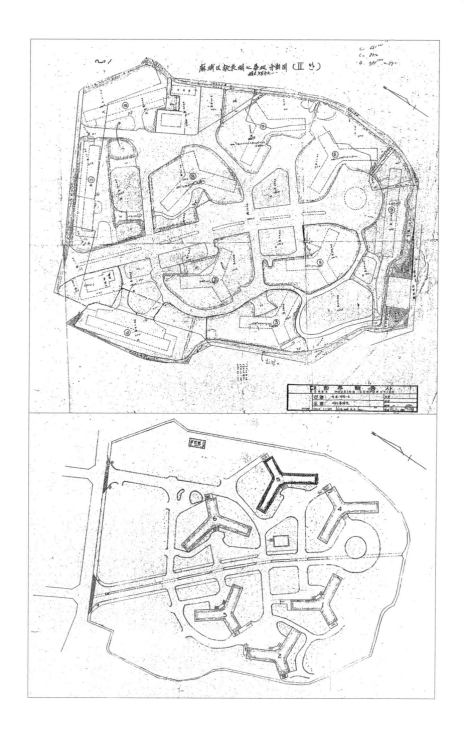

5 「마포구 도화동 7번지
마포아파트 대지분할도」의 동 번호
(1964·10·5). 출처: 대한주택공사

6 「마포아파트 신축공사 배치도」의
동 번호(1962·11). 출처: 대한주택공사

| 건평(평) | 건설호수(호) | 주택가격(원) | 입주금(원) | | 분양 대상 융자금(원) | 월부금(원) | 준공예정일 |
			입주금개산액	예약금			
16.622	36	693,132	435,948	50,000	228,000	1,811	1964·8·20
16.766	12	699,148	439,708	50,000	230,000	1,826	1964·8·20
계	48		분양 시 정산 (가감 발생)		20년 상환 4퍼센트/년		

※ 분양 대상은 6층 48세대 건물 1동으로 호수가 정해지면 층별 주택가격에 가감 발생

※ 주택가격 및 입주금은 평균 개산가격(槪算價格)으로 분양 확정 시 정산에 따른 가감 발생

※ 예약금은 분양 신청 시, 중도금은 준공 1개월 전 동호수 결정 후 10만 원,

　　잔액은 입주 당일까지 납부

※ 선착순 접수로 1964년 4월 9일 오전 9시부터 선착순으로 접수하되 접수 건수가 건설호수에

　　도달할 때까지 접수

T　『경향신문』1964년 4월 1일자
「아파트 분양 안내」 내용 재정리.

따라서 一자형 아파트 분양은 크게 2단계로 진행됐다고 볼 수 있다. 1단계가 一자형 주거동 하나(48세대)를 대상으로 준공 5개월 정도를 남긴 시점에서 분양하는 '사전 분양'에 해당한다면, 2단계부터는 나머지 一자형 주거동이 준공되는 대로 적극 분양에 나선 경우라 하겠다. 이 두 단계를 요즘 익숙한 방식으로 나눈다면, '사전 분양'과 '사후 분양'에 해당한다. 1964년 12월에 분양한 一자형 아파트 16.622평형의 평당 분양가는 4만 1,700원으로, 같은 달에 분양한 서울 정동아파트 15.3평형의 평당 분양가 5만 11원보다는 8,311원 낮았다.○

대한주택공사는 1964년 4월 이후 6개월 정도의 시차를 둔 뒤 같은 해 10월부터 12월까지 매달 1~2회 신문 광고를 이어갔다. 내용은 거의 다를 것이 없었고, 一자형 주거동이 준공되면서 분양 안내 또한 이를 따른 것이다. 1964년 10월 1일의 분양 안내는 「국가유공자 및 월남 귀순자 특별 원호법」을 적용해 원호 대상자를 대상으로 3세대를 분양하는 내용이 추가되었고, 무제한 접수 후 공개 추첨으로 분양자를 가리는 방법을 채택했다. 11월의 분양 안내에는 마포아파트를 직원용 사택 용도로 분양 신청하는 경우 우선권을 부여한다는 내용이 더해졌다. 一자형 주거동 4개를 모두 준공한 뒤 공고한 1964년 12월의 마지막 분양 안내에서 강조한 주요 내용은 3개 동을 대상으로 분양하되 1동 분양을 마치면 다음 동을 대상으로 분양 신청을 받는, '순차적 방식'으로 분양한다는 것이 골자였다.◎ → 7

분양 안내는 「국민주택 분양 안내」라는 제목으로, 장위동 15평 국민주택과 남가좌동의 13평 및 15평 국민주택 분양 안내를 마포아파트 12동 분양과 함께 묶어 알렸다. 마포아파트의 경우는 16.622평 34호와 16.766평 11호를 일반 분양하고, 원호대상자를 위해 16.622평 2호와 16.766평 1호를 분양하는 내용을 담고 있다.

○ 『조선일보』 1964년 12월 1일에 대한주택공사가 공고한 「정동아파트 분양 안내」와 같은 신문 1964년 12월 17일 「마포아파트 분양 안내」를 비교 산출한 것임.

◎ 『조선일보』 1964년 10월 1일 및 12월 17일, 『경향신문』 1964년 11월 6일과 11월 8일의 분양 공고 내용 참조.

7 1단계 Y자형 아파트 준공 후
2단계 一자형 아파트 시공 현장
항공사진. 출처: 대한주택공사

Y자형 임대아파트의 분양 전환

마포아파트가 다시 사람들의 입길에 오르내리기 시작하고
국고 손실 논란까지 일며 대한주택공사가 시민들로부터
따가운 눈총을 받은 것은 임대아파트 450세대를 분양으로
전환한다는 소식이 알려진 1967년 4월이다. 대한주택공사의
계획은 1967년 8월부터 11월 30일까지 Y자형 주거동 450호
모두를 임대에서 분양으로 전환하는 것이었다. 주된 이유는
대한주택공사의 자금난이었다. 여기에 대한주택공사 직원
20여 명이 한 푼의 입주금도 납부하지 않은 채 마포아파트
Y자형 임대동에 거주한다는 고발까지 이어졌다.○ 임대아파트
입주자들은 '1962년에 건설한 6개 동 450호 임대아파트 외에
16평형 4개 동 192호의 분양아파트를 추가 건설해 분양하는
행위는 명백한 불법이며, 이는 건설사업이 완료된 단지 안에
추가 건축행위를 하는 것'◎이라며 강력하게 항의했다.
급기야는 6동 403호 입주자인 김광택을 위원장으로 하는
'마포아파트분양대책투쟁위원회'를 꾸려 대한주택공사를
비롯해 국회 등 각 기관에 진정서를 제출했다. 진정서가 작성된
날짜는 1967년 10월 7일이었다.

→ 8 9

　　대한주택영단은 1961년 마포아파트 초기 구상 때부터
10층 아파트 11개 동을 지을 것이라 이미 공표했고,
대한주택공사의 기관지인『주택』제7호를 통해 11개 동으로
이루어진 마포주공아파트단지 조감도와 평면도 등을 화보로
게재했었다. 물론 홍보성 신문 기사도 끊이지 않았으므로
6개 동만 지어지지 않을 것이라는 사실을 모르는 이는
없었다. 그럼에도 불구하고 6개 동 임대아파트 입주자들이

○　「마포아파트에 말썽」,
『조선일보』1967년 4월 16일자.　　　◎　대한주택공사,
『대한주택공사20년사』, 434쪽.

분양대책투쟁위원회를 꾸린 것이니 진정이나 항의와 같은
행동 이면에 구체적이고 현실적인 요구가 있었던 것임을
짐작할 수 있다. 또 다른 중요한 이유도 있었다. 바로 분양가
결정 기준이었다. "공사에서는 마포아파트를 임대에서 분양으로
전환하매 분양가를 결정하는 데 있어 원가주의(原價主義)로
할 것이냐 시가주의(時價主義)로 할 것이냐로 이견이 있었는데
당시 공사로서는 자금이 부족한 상태였고, 또 건물가격에서도
건설할 때의 가격과 그 후 물가와 지가의 앙등으로 이룩된
시가 사이에는 차가 많았기 때문에 시가주의를 택하여 평당
5만 6,300원씩으로 분양했다."● 임대로 입주했으나 갑자기
분양을 받아야 한다는 사실은 입주자들에게 대단히 큰 경제적
부담일 수밖에 없었다.

　　진정서에 담긴 '진정 취지' 3가지는 곧 임차인들의 현실적
요구였다. '임대아파트의 분양 전환에 있어 ①분양가 산정은
「공영주택법」을 따라야 하며, ②현재의 융자금은 당연하게도
증액되어야 할 뿐만 아니라 ③분양가에서 융자금을 제외한
나머지 금액도 한꺼번에 낼 형편이 못 되니 이를 여러 차례 나눠
낼 수 있도록 해달라는 것'이 핵심 내용이었다.

　　1967년 11월 30일까지 분양을 완료한다는 대한주택공사의
구상이 예상치 못했던 엄청난 암초를 만난 셈이었다. 분양가에
대한 입주민들의 요구는 분명했고, 객관적으로 어느 것 하나
크게 그른 것이 없어 보였다. 분양대책투쟁위원회는 구체적인
논리로 무장하고 있었다.●

　　1962년에 지어진 마포아파트는 당연하게도 「공영주택법」
제2조의 정의에 부합하는 공영주택이므로 이를 분양할
경우에는 「공영주택법」 제11조, 동 법 「시행령」 3조에 의한

247

●　　같은 책, 252~253쪽.

────────────────

●　　마포아파트 분양대책투쟁위원회

위원장, 「진정서」(1967·10·7).
이 진정서는 대한주택공사뿐만 아니라
국회에 제출됐다.

麻浦에 「아파트」村이 이루어지다

麻浦에 이미 建設된 「아파트」以外에 同地域內에다 다시 4棟 192世帶가 建設된다.

그中 이미 分讓契約된 1棟 48世帶는 7月末日까지 工事完了 豫定이며 나머지 3棟 144世帶는 11月末日까지 完工될 豫定이다.

現代式 設備로 참신하게 세워 질 이 「아파트」는 都市의 平面的인 膨脹의 억제와 時代感覺에 副應하는 現代人의 生活에 適合하도록 建設된다.

우리民族은 오랜동안 흙과 나무와 기와로 집을 짓고 담을 쌓고 뜰을 獨占한 "나의 집" 生活에 젖어 왔다.

그리고 都市는 無制限으로 뻗어만 갔다. 성냥 집 좁은 골목길 「텃쉬아워」, 都市는 病들었다.

住宅公社는 都市에 「아파트」를 建設하므로서 이것을 고치려고 한다.

「아파트」는 現代社會에 要求되는 住居形式이다. 이것은 水洗式便所 난방 等 좋은 住居空間을 만들어 주며 自已들은 없으나 넓고 아름다운 뜰을 이웃과 더불어 가질 수 있다.

보다 健康하고 向上된 文化生活은 「아파트」에서 이루어 질 것이다.

이것이 現代가 要求하는 住居이다.

248

8 『주택』제12호(1964년 7월)에 실린 아파트 4개 동 192세대 추가 건설에 대한 대한주택공사의 주장.

진   정   서

서울 마포구 도화동 7 (마포아파트)
                        6 -403

진정인 마포아파트 분양 위원장 김 공 혁
        대책투쟁위원회

위 진정인은 대한주택공사 마포아파트 분양에 관하여 아래와 같이 진정
하나이다.

진 정 취 지

1. 분양가격은 공영주택법에 의거하여야한다.

2. 융자에 관하여서는 현형이상을 적용하여야한다.

3. 분양전납금에 대하여서는 공납제도 하여야한다라는 조치를 앙구하나
   이다.

진 정 이 유

취지 1.

본건아파트는 임대를 목적하였으니 분양을 목적으로하였으니하는 구
범이 유포되고 있으나 이는 어데까지나 공영주택법 제2조에 정의를
벗어날수 없으며 공영주택을 분양할시는 공영주택법 제11조 동시행령
3조에 의한 가격에서 감가상각을 한 가격을 초과할수는 없을것입니다.

취지 2.

융자에 대하여서는 기대중본인고로 신축성있는 개량권이 있을것이며
현형이 평당 27,000원이고 주택금고가 50,000원인데 비하여 평당
20,000원 융자라함은 언어도단이라 아니할수없읍니다.

취지 3.

대한주택공사 발형 "주택" 8권 1호 66년도 공영주택의 종합진단(53앙)
아파트 지업별 및 학력별 통계표에 의한바위갑이 공무원 11% 회사원
15% 고원11% 군인2% 기타15% 동이타면 입주전납금에 관하여 일시불에
수십만원씩이라면 불가능할 뿐 아니라 이는 공영주택법의 입법정신과

249

9a   마포아파트분양대책투쟁위원회의
「진정서」. 출처 : 대한주택공사

주택정책에 위배된다 아니할수없을것입니다.

서상과 갈은 사실에 감하여 현재 주택공사가 주장하는 겁손금이니 추가
투입금이나하여 67,000,000원을 가산하는 비합법적인 방법은 있을수없
으며 진정인등은 어데까지나 경운티여 위 진정사항을 관철하려 노력
하였으나 귀공사가 끝까지 고집하는 한 극한 투정도 불사하는 사력가
야기될 우려가 있으므로 위선 위에학갑이 진정하나이다.

1967년 10월 7일

위진정인대표   김   공   릭

9b   마포아파트분양대책투쟁위원회의
「진정서」. 출처: 대한주택공사

가격에서 감가상각 내용을 반영하는 것 이상을 초과할 수
없다는 것이 그들이 내세운 첫 번째 논리였다.

같은 융자라 하더라도 분양을 위한 융자와 임대를
위한 융자는 전혀 다른 성질의 것이므로 융자금에 대해서는
신축성 있게 재량권을 행사해야 한다는 것도 그들이 내세운
중요한 논리였다. 당시 대한주택공사의 융자알선이 평당
2만 7,000원이고 주택금고 융자가 평당 3만 원인데,
마포아파트를 분양으로 전환하면서 평당 2만 원을 융자금
기준으로 삼는다는 것은 언어도단이라는 것이었다.

마지막 주장은 임차인들의 실질적인 경제 형편을
헤아려달라는 일종의 읍소였다. 대한주택공사가 발행한 『주택』
제19호에 실린 '66년도 공영주택의 종합 진단'에 실린 것처럼,
아파트 입주자 직업 분포가 공무원 11퍼센트, 회사원 15퍼센트,
교원 11퍼센트, 군인 2퍼센트, 기타 15퍼센트 등이므로
이들의 형편으로 미루어보아 일시에 수십만 원씩을 내야
하는 '입주전납금'(入住全納金) 납부는 불가능할 뿐만 아니라
이는 「공영주택법」의 입법 정신과 주택 정책에 어긋나니,○
'할부전납금'(割賦全納金)으로 이를 전환해달라는 것이었다.◎

따라서 이런 사실을 제대로 고려하지 않은 채
대한주택공사가 결손금이니 추가 투입금이니 둘러대며

○　투쟁위원회의 진정서에서
언급하고 있는 '66년도 공영주택의
종합 진단'은 『주택』 제19호
(1967년 6월)의 특집기획
제목으로 「표준설계」(안병의),
「공사 시공」(임승업), 「66년도
공영주택사업에 대한 나의
견해」(김중업), 「66년도 공영주택에
대한 여론의 향방」(곽동수)을 담았다.
진정서에 인용된 통계는 이 가운데
54쪽에 실렸던 내용을 전제한 것인데,
조사 대상에 마포아파트는 포함되지
않았으며, 동대문아파트, 연희아파트,

홍제동아파트, 돈암동아파트 등 452개
동 가운데 7퍼센트인 30동을 조사한
것이다. 여기에서는 '공무원 11퍼센트,
회사원 35퍼센트, 상업 20퍼센트, 교원
11퍼센트, 공업 6퍼센트, 군인 2퍼센트,
기타 15퍼센트'라 밝히고 있어 진정서
내용과 일치하지 않는다.

◎　전납금이란 분양가 가운데
융자금을 제외한 대금을 말하며 입주
전에 받는 '입주전납금'과 입주 후에
받는 '할부전납금'으로 구분한다.

6,700만 원을 가산하는 것은 비합법적이므로, 대한주택공사가
이를 끝까지 고집한다면 극한투쟁도 불사하겠다는 것으로
진정서를 마무리하고 있다.

공영주택법

진정서에는 아주 중요한 쟁점 혹은 사실이 담겨 있다.
「공영주택법」○이 그것인데 '지방자치단체와 대한주택공사가
정부와 협조하여 공영주택을 건설하여 주택이 없는 국민에게
주택을 공급함으로써 국민의 주거생활의 안정과 공공복리의
증진에 기여함을 목적'으로 1963년 11월 30일 제정, 12월
31일부터 시행한 법률이다.
　　　'마포아파트분양대책투쟁위원회'는 왜 「공영주택법」을
진정서의 첫머리에 담았을까? 「공영주택법」 제2조와 제11조
그리고 「공영주택법시행령」 제3조가 대체 무슨 내용을 담고
있길래 분양대책투쟁위원회는 자신들의 정당성을 앞세우는
도구로 삼았을까? 대답은 간명하다. 그들이 마포아파트에
임차인 자격으로 입주할 당시에는 없었던 법률이 분양 전환이
시행된 1967년 10월에는 멀쩡하게 작동하면서 주거권과 관련해
서민과 저소득자를 보호하는 나름의 역할을 하고 있었기
때문이다.

○　　「공영주택법」은 「건축법」,
「도시계획법」과 함께 일제강점기인
1934년 6월 제령으로 시행한
「조선시가지계획령」에서 갈래를 만들어
새롭게 제정된 법률이다. 1962년 1월
20일 「건축법」과 「도시계획법」이
동시에 제정되며 같은 날
「조선시가지계획령」은 폐지됐다. 이어
1963년 11월 30일 「공영주택법」이
제정됐다. 건축, 도시계획, 주택 관련
내용을 모두 관장했던 일제강점기의
「조선시가지계획령」이 각각의 법령으로
다시 만들어진 것이다. 이 가운데
「건축법」을 제외한 「도시계획법」은
2002년 2월 4일 「국토의 계획 및
이용에 관한 법률」이 제정되며 같은 날
폐지됐으며, 「공영주택법」 또한 1972년
12월 30일 제정된 「주택건설촉진법」
시행에 맞춰 1973년 1월 15일 공식
폐지됐다.

분양대책투쟁위원회가 언급한 「공영주택법」 제2조는 '공영주택을 법률적으로 정의'하고 있다. 이에 따라 '정부로부터 대부 또는 보조를 받아 지방자치단체나 대한주택공사가 건설하여 주택이 없는 국민에게 저렴한 가임(家賃) 또는 가격으로 임대 또는 분양하는 주택이 공영주택'이므로 임대를 목적으로 대한주택공사가 지은 Y자형 아파트는 모두 '공영주택'이라는 것이 투쟁위원회의 기본적인 주장이다.

「공영주택법」 제11조는 '입주금 및 가임'을 규정하고 있다. '공영주택의 입주금 및 가임은 당해 공영주택의 건설에 소요된 실비를 기준으로 하되 이에 관하여 필요한 사항은 건설부령'으로 정하도록 했는데 여기에 언급된 건설부령이 바로 「공영주택법시행령」이다. 「시행령」 제3조의 '자기의 재력과 소득만으로는 그에게 필요한 주택을 취득할 수 없는 자로서 그 가족의 월수입 총액이 그 주택을 취득할 수 있는 가액의 48분의 1 이하인 자'가 바로 「공영주택법」 제2조의 9항에서 정의한 '저소득자'가 되므로 분양 전환을 앞둔 '마포아파트 임차인들은 이들 법령에 따라 모두 저소득자에 해당'한다고 투쟁위원회는 주장했다.

결국 기존 임차인들의 월수입이 대한주택공사가 처음 통고한 분양가격의 48분의 1에 미치지 못하는 저소득자들이므로 법령에서 정한 것처럼 분양가격을 새로 책정해야 하고, 융자금 증액과 더불어 융자금을 제외한 잔여 분양액도 분납 형식으로 변경해 달라는 것이 진정의 핵심이었다.

이에 대해 대한주택공사는 어떤 태도를 취했을까? 대한주택공사는 1967년 8월 28일 제43차 이사회에서 「마포아파트 분양 방안 중 융자금 및 입주금」이라는 안건을 이미 의결한 바 있었다.◎ 그러나 1967년 10월에 벌어진

253

◎　대한주택공사 기획부장 직무대리, 「이사회 안건 송부」(1967·11·16).

마포아파트 분양대책투쟁위원회의 강력한 항의와 분양 불응 움직임, 국회 진정 등이 대한주택공사에게 엄청난 부담으로 작용했다. 결국 대한주택공사는 관할 부처인 건설부와 협의를 거쳐 공사의 책임 아래 융자금 증액과 입주금 분납 등을 조정하라는 방침을 받아냈다.○ 이어 건설부의 권한 위임에 따라 이사회에 안건을 상정하여 입주금과 융자금을 재조정했는데, 융자금은 장기 융자하고 입주금은 귀재자금(歸財資金)과 자체 자금을 이용해 1년간 분납하는 방안을 마련했다. → [10]

이렇게 마련한 대책을 의결한 것은 1967년 11월 18일 개최한 제63차 이사회였다. 제63차 이사회 안건은 「마포아파트 분양 방안」단 한 건이었다. 윤태일 총재와 이용철, 안준, → [11] 김동선, 김득모, 홍사천 이사가 해당 안건을 만장일치로 의결함으로써 마포아파트 Y자형 임대용 아파트 450호에 대한 분양 전환 논란은 일단락됐다. 마포아파트분양대책투쟁위원회 입장에서는 「공영주택법」과 「공영주택법시행령」 덕을 톡톡히 본 셈이었다.◎

○   건설부 내부에서도 분양가에 대한 의견이 분분했다. 건설부 법무관은 대한주택공사의 질의에 대해 법무부 장관과 감사원의 의견을 청취했는데, 법무부는 향후 이와 유사한 경우가 발생할 우려가 있으므로 분양 가격 산정에 관한 규정을 마련해야 한다고 주장했고, 감사원은 마포아파트 450세대는 무주택자를 위해 국가시책으로 임대했던 것이므로 분양으로 전환한다면 원가에 의한 분양이 불가피하다는 의견을 개진했다. 건설부, 「마포아파트 분양가격 산정에 관한 질의」(1967·6·20).

◎   대한주택공사, 「제63차 이사회 회의록」(1967·11·18). 구체적인 내용은, 세대별 융자액 산정을 위한 평수는 임대평수를 반올림해 적용하며 평당 2만 7,000원을 융자하지만 세대당 37만 원을 초과할 수 없도록 했다. 또한 융자금을 제외한 입주금의 50퍼센트는 1968년 5월 말까지 납입하고, 나머지 50퍼센트는 1968년 11월까지 3개월 단위로 2회 분할 납입하도록 했다. 융자금에 대한 조건은 정부와 주택금고(住宅金庫, 후일 한국주택은행으로 전환)가 결정하는 바에 따르고, 분양계약은 임대보증금을 계약금으로 전환하여 1967년 11월 30일까지 체결하며, 새롭게 변경된 분양 조건 시행 이전의 계약도 새롭게 바뀐 조건을 적용한다는 것이 주요 내용이었다.

마포아파트 융자기준 및 입주금 납입방안

1. 융자기준

   가. 임대평당 27,000원을 융자하되 세대당 370,000원을 초과하지 못한다.

   나. 세대당 융자를 위한 평수는 임대평수를 4사5입한 숫자로한다.

2. 입주금 및 월부금

   가. 융자금을 제외한 입주금중 50%는 68.5월말까지 납입하고 잔여입주금 50%는 68.11.말 까지 3개월을 1기로하여 2회 분할 납입한다.

   나. 동아파트에 투입된 융자금에대한 융자조건은 정부와 주택금고가 결정하는바에 따른다.

   다. 분양계약은 현재의 임대보증금을 계약금으로하여 67.11.30까지 체결한다.

3. 경과조치

   본분양방안 시행이전에 이미 분양계약을 체결한 계약자에 대하여도 본분양방안을 적용한다.

255

10   마포아파트 융자 기준 및
입주금 납부 방안(1967·11·16).
출처: 대한주택공사

호당 분양가격 비교표 (5층기준)

건 평	주택가격	융 자 금	입 주 금 금 액	입 주 금 50%할부	비 고
8.71	518,995	180,000	338,995		통고가격
(10.66)	518,995	243,000	275,995	137,999	변경가격
12.24	729,333	240,000	489,333		통고가격
(14.97)	729,333	324,000	405,333	202,666	변경가격
15.36	915,241	240,000	675,241		통고가격
(18.79)	915,241	370,000	545,241	272,620	변경가격

* ( )내건평은 공동부분을 포함한 연평수임.

11 마포임대아파트 호당 분양 통고
가격과 변경 가격 비교표(1967·11·18).
출처 : 대한주택공사

대한주택공사 주택연구소 단지연구실장이었던 박병주는
『조선일보』1967년 4월 16일「마포아파트에 말썽」기사와
관련해 "우리나라에서 유일한 마포의 임대아파트가 머지않아
분양이 된다 한다. 이로써 마포아파트는 임대하는 아파트가
아닌 일반 분양아파트가 된다. (…) 안타깝기만 한 사실이다.
그런데 이 문제를 중요시하는 것은 마포아파트의 출발 당초
계획이 변질되어 '임대하는 아파트'란 형식이 자취를 감추게
된다는 데 있고, 우리의 현실에서 공영임대주택이 성립할 수
없다는 개념을 남기게 되는 결과를 자아내게 하였다는 데
문제점이 있다"○고 언급했다. 박병주의 예견대로, 이후
대한주택공사의 주택 공급 정책은 철저히 분양, 그것도
선분양으로 전환되었다. 이는 민간 사업자들의 주택 건설에도
그대로 이어졌다. 정부는 단지까지의 진입로 같은 최소한의
기간시설에만 투자한 뒤 택지를 민간에 매각하면, 민간 업체가
단지 안의 모든 것을 입주자들의 분양대금으로 해결하는 방법을
취했다. 예산이 부족한 1960년대에 채택한 이 방식은 지금까지
조금도 변하지 않은 채 고착되어버렸다. 이렇게 오늘날의
대한민국 아파트 사정과 주택 정책의 근간은 마포아파트로 다시
되돌아간다.

엘리베이터 홀과 창고의 임대

마포주공아파트는 10층의 초기 구상이 6층으로 바뀌며 낮아져
법적인 엘리베이터 설치 의무에서는 벗어났지만 언젠가는
엘리베이터를 설치한다는 희망으로 엘리베이터 홀을 그대로
남겨두기로 했다는 이야기를 앞에서 한 바 있다. 30여 년의
시간이 흘러 1994년 마포삼성아파트로 재건축될 때까지

○   박병주,「아파트 건설과   일변도로 전환한 데 대하여」,『주택』
주택사업: 주택공사가 아파트 건설   제18호(1967년 6월), 79쪽.

엘리베이터는 설치되지 않았다. 그러니 마포아파트에는
사용되지 않는 여분의 면적이 남아 있었던 것이다.

임대아파트 450호와 분양아파트 192호가 모두 입주한
1965년 11월 마포아파트 관리소장은 대한주택공사 본사
총무부장에게 보내기 위해 「주택 현황」이라는 제목의 문서를
작성한다.◎ 이에 따르면 마포주공아파트단지에는 바닥면적
1.7평의 승강기실과 0.7평의 창고가 각각 46곳, 22곳이 있었다. → ⑫

아파트 관리를 위해 대한주택공사가 부득이하게
사용하거나 많은 주민들이 오가는 1층 등을 제외하고
마포아파트 관리소는 엘리베이터 홀 40곳과 창고 19곳을
입주자들에게 별도 임대했다. 엘리베이터를 설치하지 않았으니
아까운 면적이 층마다 비어 있는 상황이었고 관리소가 이를
그대로 둘 이유가 없었다. 엘리베이터 홀의 임대료는 월 400원,
창고 임대료는 월 200원이었다. 「주택 현황」에 따르면 승강기실
33곳, 창고 16곳이 임대 중이었다. 여전히 엘리베이터 홀 7곳과
창고 3곳은 비어 있는 상태였다. 중산층을 겨냥했다고는 하지만
수납공간이 충분하지 않았던 당시의 아파트 평면을 생각한다면
수요가 컸을 엘리베이터 홀이나 창고 등이 임대되지 않은
이유는 여전히 주민들의 팍팍한 경제적 형편이었을 것이다.

임대에서 분양으로 전환되면서 불거진 갈등은 결국 정부가
공급하는 주택의 법적 규정과 성격이 달라지는 과정에서 빚어진
것이었다. 지난 세기 한국에서 공공이 저소득층을 위한 공동
주택을 공급하고 관리한 시기는 무척 짧았다. 주택은 개인이
구입해야 하는 상품이라는 인식은 굳어졌고, 이후 임대아파트는
분양 아파트단지의 틈바구니 속에서 저소득층의 남루한
집이라는 낙인이 찍히게 된다.

◎　대한주택공사, 「인계인수 결과
보고」(1965·11·10).

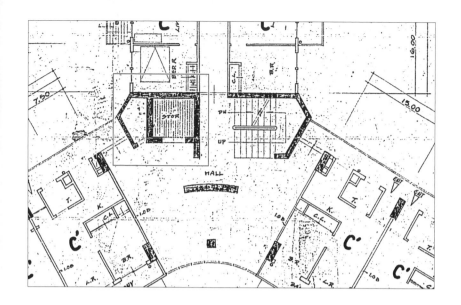

12 마포아파트 Y자형(C2형) 아파트
최종 설계안에 남겨진 엘리베이터 홀과
창고(1962·5). 출처 : 대한주택공사

8

마포주공아파트의 전방위 파급 효과

제2차 경제개발5개년계획이 시작되는 1967년 1월 박정희 대통령은 늘 그랬던 것처럼 연두교서를 발표했다. "근면, 검소, 저축을 다시 우리 행동 강령으로 삼아 증산, 수출, 건설에 총매진함으로써 진정 이 한 해를 우리의 위대한 전진의 해가 되게 하자"며 '위대한 전진의 해'를 선언했다. 연두교서의 끄트머리에 이르러서는 '우리의 후손들이 조국을 위해 어떠한 일을 했느냐'고 물을 때 "우리는 서슴지 않고 '조국 근대화의 신앙'을 가지고 일하고 또 일했다고 떳떳하게 대답할 수 있게 하자"고 덧붙였다.

주택 공급에 관한 언급도 빠뜨리지 않았다.○ 5년 동안의 "제2차 경제개발5개년계획◎ 기간 중 주택 부문 정책 목표는

○ 「대통령 연두교서 요지」, 『동아일보』, 1967년 1월 17일자.

◎ 제2차 경제개발 5개년 계획(1967~1971년)은 국내 전문가뿐 아니라 미국, 서독 측에서 파견한 전문가들의 지원 아래에서 수립되었다. 정부 관계부처 장관, 경제과학심의회, 기획조정실, 한미경제협조처(USOM), 미국·서독 고문단이 공동 작업하여

1966년 8월 대통령 승인을 받았다. 2차 계획은 산업구조를 근대화하고 자립경제의 확립을 촉진한다는 기본 목표를 수립하고, ①식량 자급, ②화학, 철강 및 기계공업을 통한 공업 고도화, ③7억 달러 수출과 국제수지 개선 마련, ④고용 증대와 가족계획으로 인구 팽창 억제, ⑤영농 다각화 및 국민소득 증대, ⑥과학 및 경영기술 진흥과 인적 자원 배양 등 6대 중점 과제를 선정했다.

262

1 도시 계획 모형 전시장에서
김현옥 시장의 설명을 듣고 있는 박정희
대통령(1966). 출처 : 국가기록원.

①주택 건설은 민간 주도형으로 하고 정부는 이를 적극
지원한다. ②주택금고를 설치하여 주택채권 발행 등으로
민간자금을 동원한다. ③대한주택공사로 하여금 대도시에서
대단위 고층아파트를 양산시킨다. ④지방자치단체와
대한주택공사로 하여금 구획정리사업 등으로 택지를
조성하여 민간에 공급하도록 한다. ⑤건축자재의 규격화 및
양산(量産)으로 건축비를 절감시킨다"○는 것이었다. 2단계에
걸쳐 한국 최초의 단지식 아파트인 마포주공아파트단지를
준공했던 대한주택공사 입장에서는 일감이 대폭 늘어날 상황의
변화였다. 대한주택공사의 역할과 임무를 대통령의 입으로
명확하게 규정한 셈이었으니 제2차 경제개발5개년계획이
시작된 1967년은 마포주공아파트가 새롭게 호명되는 해였고,
대한주택공사에게는 매우 의미심장한 해였다.

　　도시 노동자 핵가족을 위한 대단위 고층아파트를
양산한다는 것을 목표를 삼은 대한주택공사는
공영주택자금으로는 더 이상 단독주택을 공급하지 않는다는
각오를 다지고 1967년부터 이를 여러 차례 공개적으로
천명했다. 이와 함께 대한민국 초유의 시도인 화곡 30만 평
대단위 택지조성사업을 절차에 따라 감행했다. 대한주택공사와
지방자치단체는 택지를 조성해 민간에 공급한다는 주택 부문
→ ②　정책 목표에 적극 부응하기 위해서였다.◎

2차 계획 목표인 '자립경제 확립'은
후발국 입장에서 수출 공업을 육성하여
국제수지를 개선하고, 1차 산업에서 2차
산업으로, 경공업에서 중화학공업으로
변화를 의미했다. 이 때문에
2차 계획은 수출 목표를 1965년
1억 7,500만 달러(상품 수출)에서
1971년 5억 5,000만 달러까지 연평균
21퍼센트의 수출 증대를 계획했다.
우리역사넷(contents.history.co.kr)-
경제개발5개년계획-정부 주도의
경제성장을 추진하다: 1962년~1981년.

○　대한주택공사,
『대한주택공사20년사』, 327쪽.

◎　민자 동원과 택지 조성 후
민간에 분양하는 등의 조치는
외자, 조세, 저축이라는 3가지
측면에서만 보자면 모두 저축과
유사한 내자동원(內資動員) 수단이다.
1962년 제1차 경제개발5개년계획에서
내자동원 수단은 모두 실패했는데
'1962년 화폐개혁은 예금봉쇄
무산으로 실패했고, 증권시장 활성화

禾谷團地

計劃圖

1 Park & Playground
2 Elementary School
3 Kindergarten
4 Market
5 Stores
6 Public offices
7 Police Box
8 Fire Station
9 Public Health Center of
   Municipal Gov t of Seoul
10 Hospital
11 Theatre
12 Water Tank
13 Bus Station
14 Gas Station

2 　화곡지구 단지계획도.
출처:『주택』제2Ø~21호(1967년 12월)

경제개발5개년계획 제1차와 제2차의 주택 부문 정책에서
가장 달라진 점은 자본을 충당하는 방법이었다. 경제개발을
위한 공감대는 형성돼 있었지만 여전히 빈곤했고 미국의
원조는 갈수록 줄어들고 있었기 때문이다. 원조와 차관에
의존하던 자본 동원 방식은 변화가 불가피했다.○ 외자와 조세
이외에 민간자본 동원이 긴요했다. 민간 자본을 동원하기
위해 여러 제도와 정책이 동시다발적으로 펼쳐졌다. 재일교포
기업가들을 유치하기 위해 만들어진 구로공단이 그 대표적인
예다. 구로공단은 1968년 1차 준공했고, 2차 공사를 시작하기 전
구로공단 신규 공사 예정지에서 1968년 가을 무역박람회가
개최되기도 했다. 이런 시도 가운데 주택 자금을 확보하기 위해

→ ③ 시행된 것이 주택금고다.

    1967년 3월 30일에는 「한국주택금고법」◎이 제정,
시행된다. 한국주택은행이 출현하는 배경이 된 이 법률의
취지는 민간 자본과 주택기금 회전 자금 등으로 주택 정책
자금을 조성하고, 이를 증대시켜 서민주택 금융으로 운용한다는

조치는 1963년 증권파동으로
귀결되었으며, 국민저축조합법
등은 저금리에서 성공할 수
없었다'(김도균, 『한국 복지자본주의의
역사』[서울대학교출판문화원,
2019], 30~31쪽). 그 결과
1960년대 초반의 내자동원은
화폐 발행에 과도하게 의존하면서
실패로 끝나게 된다. 그러므로
제2차 경제개발5개년계획에서는
'경제성장=발전을 위한 내자동원'이
핵심적 과제였다.

○   김도균, 『한국 복지자본주의의
역사』, 26쪽.

◎   이 법은 법률 제1940호로
제정된 것으로, 한국주택금고를

법인격으로 설립하여 서민주택(아파트
포함) 자금의 자조적 조성을
뒷받침하고 주택자금의 공급과
관리의 효율화를 기하기 위한 것이며,
「한국주택금고법시행령」은 대통령령
제3085호로 1967년 5월 19일 제정,
시행됐다. 이에 따라 1963년 12월 7일
제정, 시행됐던 「주택자금운용법」은
폐기됐다. 정부는 1969년 다시
한국주택금고를 금융기관으로
개편하여 일반 수신업무를 취급하도록
함으로써 주택금융의 재원을
확충하고자 「한국주택금고법」을
「한국주택은행법」으로 개정해 1969년
1월 공포하고, 아울러 한국주택은행을
설립하여 한국주택금고의 업무와
권리·의무는 신설된 한국주택은행에
모두 인계했다.

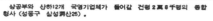

3 서울 천호동에 처음 지어진
주택복권아파트(1970·10).
출처: 국가기록원

4 남서울개발계획(영동개발) 확정
발표. 출처: 『동아일보』 1970·11·5

것이었다.○ 이에 따라 주택 공급과 주택지 개발을 위한 자금 융자와 관리, 주택채권과 주택복권의 발행, 주택예금과 주택부금 관리 등이 「한국주택금고법」에 의해 이루어졌고, 얼마 지나지 않아 법률의 전면 개정을 통해 한국주택금고는 한국주택은행으로 재탄생했다.◎ 1969년의 일이었다.

제2차 경제개발5개년계획이 시작된 1967년에는 대통령 선거도 있었다. 공화당 박정희 후보는 4월 29일에 있었던 선거유세 현장에서 「대국토건설계획」(大國土建設計劃)의 일환으로 경부고속도로 건설을 발표했다.● 이는 1970년대 초반 영동(강남)개발의 기폭제가 됐다. 경부고속도로의 시작점은 1966년에 이미 착공한 제3한강교로 결정됐고, 제3한강교에서

← 4

○ 유돈우(한국주택금고 기획실장), 「주택금고를 이용하려면」, 대한주택공사, 『주택』 제20~21호(1967년 12월호), 20쪽.

◎ 한국주택은행은 복권발행사업 수익금의 일부로 주택복권아파트를 건립했는데 1970년 2월 16일 서울 천호동에서 4층 철근콘크리트 아파트 5개 동을 기공해 같은 해 10월 8일 준공했다. 주택복권아파트 입주자는 무주택 군경 유족과 파월 장병이었다.

● 건설부가 작성한 「대국토건설계획(안)」은 국가 기간산업의 토대를 마련하려는 국가 정책을 담고 있는 자료로 1967년 4월 29일 대통령 선거유세 당시 발표되었다. 각 분야를 다듬어 보고서 형식으로 다시 꾸민 것은 1967년 8월 9일이다. 대국토건설계획에는 고속도로뿐만 아니라, 항만, 항공, 철도, 하천 등의 재정비를 통해, 제2차 경제개발5개년계획을 체계화하려는 다양한 시책이 들어 있다. 건설부는 "합리적인 국토 건설 종합계획을 구상"을 구현하고, "국토구조의 근대화"를 위해 건설계획을 수립했다고 밝혔다. 특히 이 계획(안)을 "선진된 대한민국이 갖추어야 할 국토로 개조, 건설하는 계획"으로 규정하면서, 정치·사회·문화 등 분야와 병행하여 국토환경을 새롭게 하는 것으로 정의했다. 주요 내용에는 4대강 종합개발, 서울을 중심으로 인천·강릉·부산·목포를 잇는 기간고속도로 건설, 동해안· 남해안·서해안 연결철도 건설, 10대 항구 건설 등이 주요 사업이었다. 이 문서 뒷부분에는 각 분야별 도면 49개를 붙였는데 '주택'과 관련해서는 1986년까지의 주택건설계획, 10평형 공영주택(아파트) 평면도 2개, 주택 현황 및 계획지표 등 3장의 도표와 도면이 들어 있다. 박정희 후보의 발표에 따라 경부고속도로 건설계획은 1967년 11월에 제2차 경제개발5개년계획에 반영됐고, 다음 해인 1968년 2월 1일 착공해 잇따른 구간별 준공을 거쳐 1970년 7월 7일 완전 개통했다.

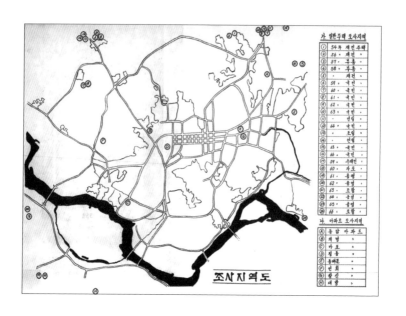

⑤ 건설부가 작성한
24개 일반주택과 8개 아파트
조사보고서 일부. 출처:『주택 실태
조사보고서』(1967)

남쪽으로 7.6킬로미터에 달하는 고속도로 용지를 별도의
재정 투여 없이 무상으로 확보한다는 취지에서 대규모
토지구획정리사업을 실시했다.○ 제1차 5개년계획에 비해 제2차
계획에서는 주택 부문 공공 투자가 늘었다. 1965년 GNP 대비
1.4퍼센트인 주택 부문 투자를 1976년에 2.4퍼센트로, 다시
1986년에는 3퍼센트로 확대하는 것이 목표였다.

　　공영주택자금을 활용한 단독주택 공급 중단을 선언한
바로 이 시점에 대한주택공사는 마포임대아파트 Y자형
6개 동 450호에 대한 분양 전환에 나섰다. 또한 제2차
경제개발5개년계획에 담긴 정책 목표 실현을 위해 고층아파트
건설에 따른 지방세 감면 조치가 전국으로 확대됐다. 비록
5년 동안 한시적으로 시행하는 조치이긴 했지만 대규모
고층아파트의 대량 건설을 위한 토대를 완비한 것이다.
← ⑤ 이 일련의 정책들 대부분이 1967년을 전후해 마련되었다.
마포아파트를 계획하고 건설해 임대하고 분양한 경험과
자신감이 이 일들의 밑바탕이 되었다.◎

○　지주형, 「강남 개발과 강남적
도시성의 형성」, 『한국지역지리학회지』
제22권 제2호(2016), 315쪽.

◎　1967년 전후를 도시계획의
분수령으로 평가하는 또 다른 연구로는,
박정현의 『건축은 무엇을 했는가:
발전국가 시기 한국 현대 건축』이
있다. 이에 따르면 1966년 말의
서울도시기본계획과 더불어 1967년에
김수근건축연구소에서 작성해 서울시에
제출한 재개발보고서가 이후 지속적인
영향력을 행사했다. 발전국가
시기 건축과 도시계획이 만나는
현장(99쪽)이자 서울 도심 공간의
재편 방식을 구체적으로 다루고 있기
때문(107쪽)이라는 것이다.

—政府·美네이산會社間—

經濟開發 用役契約체결

5個年計劃검토·政策諮問

14일 상오 經濟企劃院會議室에서는 經濟開發에 관한 美經濟顧問과의 用役契約이 체결됐다. 이 계약은 政府를 대표한 金裕澤副總理와 用役提供會社인 美國의 「네이산」會社代表 「홀덴머」副社長사이에 調印되었으며 「킬렌」「유솜」處長이 동의서명을 했다.

앞으로 二個月안으로 到着될 「네이산」顧問團은 二個年동안을 滯韓하여 ①現五個年計劃의 綜合檢討와 再評價 ②次年次計劃作成의 助言 ③政策活動에 관한 諮問 ④財政金融政策作成의 諮問 등 經濟政策, 行政기능, 産業聯關表作成에 관한 分야에 걸쳐 政府에 대한 助言과 함께 諮問에 應키로 된다.

이 「네이산」會社의 檢討위 및 國際收支, 投資우선순위, 豫算節次, 貿易및國際收支, 價格政策, 行政기능, 産業聯關活動委員會에 관한 國經濟開發에 관한 三萬希望을 갖고있다.

그런데 이번에 契約된 「네이산」會社는 지난지 52年度에 「韓國經濟再建에 관한 네이산報告書」를 꾸며 韓國의 長期經濟開發의 努力에 제출하여 크나큰 實적을 갖고있다.

<寫眞은 韓國의 經濟開發에 관한 用役契約에 署名하는 金裕澤副總理와 美國 「네이산」會社副社長 「홀덴머」씨>

270

[6] '네이산 자문단'에 의한 한국의
경제개발계획 검토와 정책자문
용역계약 체결 기사. 출처:『동아일보』
1964·2·14

제2차 경제개발5개년계획

제2차 경제개발5개년계획의 주택 부문 역시 다른 부문과 별 차이 없이 계획 수립 단계부터 국내 전문가와 외국 전문가 그룹의 참여와 지원 속에 작업을 진행했다. 외국 전문가 그룹은 USOM의 지원에 따라 한국에 파견된 '네이산 자문단'○과 USOM의 경제전문가들이 참여했고, 국내에서는 건설부 국토보전국 주택과 관료들이 핵심 인력이었다.◎

← 6

제2차 경제개발5개년계획은 투자계획과 부문별 계획을 조정하는 경제계획자문위원회와 정부 관계부처 장관, 경제과학심의회, 기획조정실, USOM, 미국·서독의 고문단 대표 등이 참여한 '제2차 경제개발5개년계획 작성 합동회의' 등을 거쳐 1966년 6월에 시안을 완성했다. 이어 7월에 국무회의를

○ 「네이산(Nathan) 자문단」은 한국의 경제개발5개년계획을 검토하고 정책을 자문하기 위해 미국 정부로부터 73만 달러를 지원받아 한국 정부를 대표하는 경제기획원과 1964년 2월 14일 용역계약을 체결한 네이산 용역회사 소속의 전문가 집단이다. 이들은 용역 계약 체결 후 두 달 이내에 고문단 제1진이 한국으로 와 제1차 경제개발5개년계획의 종합 검토와 재평가, 연차계획 작성 지원과 정책 활동에 관한 자문, 제2차 경제개발5개년계획 작성 자문, 재정금융 정책, 예산 절차, 투자 우선순위, 무역 및 국제수지, 가격 정책과 행정 기능, 산업연관작성표 등 분야를 중심으로 정부에 대한 조언과 자문을 맡기로 했다. 이들은 1952년에 「한국경제 재건에 관한 네이산 리포트」를 유엔한국재건단(UNKRA)에 제출해 한국의 장기 경제개발 방향을 제시하기도 했다. 『동아일보』 1964년 2월 14일 관련 기사 참조.

◎ 한국의 건설부 국토보전국 주택과에 소속된 전문가는 홍순길과 이해경이었고, 네이산 고문단에서는 조지프 S. 레비스(Joseph S. Revis), USOM 전문가로는 쿠르트 F. 플렉스너(Kurt F. Flexner)와 프린스턴 라이먼(Princeton Lyman)이 '주택분과작업회' 구성원으로 참여했다. 흥미로운 사실은 후일 서울의 목동신시가지계획에 외국인 자문위원으로 적극 가담했던 오스왈드 내글러(Oswald Nagler)는 이때 아시아재단 후원으로 미국에서 초빙한 도시계획전문가로 건설부 도시계획연구실(HURPI)에 소속을 두고 작업회에 합류했다는 사실이다. 경제기획원, 『제2차 경제개발5개년계획 자료』(1966·8), 245쪽 및 대한국토·도시계획학회 편저, 『이야기로 듣는 국토·도시계획 반세기』(보성각, 2009), 285쪽.

통과한 후 8월에 대통령의 승인을 받아 최종 결정되기에 이른다. 대한주택공사는 이렇게 만들어진 5개년계획에서 제시한 주택 부문 정책 과제를 현장에서 실현해야 하는 최전선이었다. 대한주택영단에서 대한주택공사로 거듭난 1962년은 경제 정책에 주택 부문이 처음 반영된 제1차 경제개발5개년계획의 착수 첫해였다. 대한주택공사의 역할은 그 어느 때보다도 막중했다. 그러나 마포아파트 Y자형 임대주택 450호 준공이 1962년 주택 공급 최대 성과로 꼽힐 정도였으니 주택 건설계획은 사실상 보잘것없었다. 당시 경제개발계획의 핵심은 기존의 농업 중심 산업구조를 수출 주도형 공업 중심으로 전환하는 데 따른 대응 방법을 탐색하는 것이었기 때문에 아파트라는 도시형 주택을 건설했다는 상징적 의미가 컸고 그것으로 충분했다. 실제로 1962년 당시 대한주택공사의 주요 사업 방향은 대도시 무주택 서민과 중소득층에게 문화주택을 공급하는 것이었다.

　그러나 1967년에 시작한 제2차 경제개발5개년계획의 주택 부문 정책 목표는 상당히 달랐다. 이전에 비해 훨씬 구체적이었다. '대한주택공사로 하여금 대도시에서 대단위 고층아파트를 양산'하도록 한다는 목표 아래 방향과 속도까지 명확하게 지시했다. 문화주택에서 대도시의 대단위 고층아파트로 대상의 변화가 뚜렷했고, 대한주택공사의 역할 또한 대폭 늘어났다. 이런 배경 아래에서 대한주택공사가 '67 공영주택'이라는 이름으로 작성한 '10평형 아파트'가 그대로 「대국토건설계획(안)」에 채택된다.○　　　　　→ 7

　이는 농촌을 떠나 도시 주변부에 새롭게 정착하게 될 근로가구를 상정한 주택형이었다. 온돌방 2개와 부엌, 발코니,

○　정부가 1967년 8월 9일 발표한 평면도는 2개월 전인 1967년 6월 대한주택공사가 발행한 『주택』 제19호에 실린 내용을 그대로 복제한 것이다.

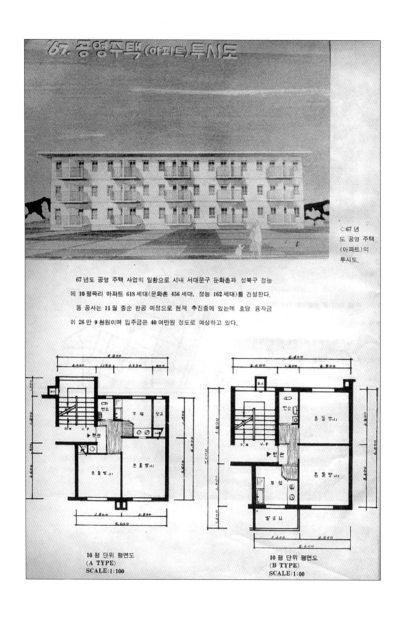

7　「대국토건설계획(안)」에 담긴
아파트 평면과 같은 대한주택공사의
'67 공영주택(아파트) 투시도 및
평면도. 출처:『주택』제19호(1967년
6월)

새 時代의 文化生活은 아파트에서 !

割賦로 살수있는 여러분의 보금자리!
문화촌
정 능 **아 파 트**

◆ 建坪 10坪에 온돌房 2個, 부엌, 발코니 또는 창고, 水洗式便器와 샤워施設을 갖춘 化粧室 등으로 構成되어 있어서 小單位家族의 간편한 文化生活에 대단히 좋습니다.

◆ 個別階段으로 드나들게 되어 있어서 日常生活의 「프라이버시」가 絶對 保障됩니다.

◆ 아파트團地內에는 훌륭한 어린이 놀이터가 있어서 庭園걱정은 하실 必要가 없습니다.

◆ 構內 交換電話施設이 되어 있으며 完全鋪装된 進入路와 水銀街路燈은 現代的인 아파트團地 의 生活環境를 더 한層 아름답고 깨끗하게 꾸며 줍니다.

※ 位置 : 문화촌 아파트(456世帶)—문화촌 버스 移點에서 徒步로 約 3分
　　　　정능 아파트(162世帶)—정능 합승 移點에서 徒步로 約 3分.

※ 住宅 價格 및 納付方法 (概算價格)
　　　　入住金 總額—約 50만원
　　　　入住金 割賦內譯 — 契約當時(40%), 契約日부터 1個月內(20%), 契約日부터 4個月內(20%),'
　　　　　契約日부터 7個月內(20%), ('68年 4月末까지의 契約者에 限함)
　　　　長期償還能賦金 —— 26만 9천원(月賦金 2,727원, 年利 8%, 14年 6個月 償還)

※ 申請場所
　　　　大韓住宅公社 分讓課　　　　　　電話 22-5447. 8021. 8022

8 '소단위 가족의 간편 문화생활
공간'으로 설명한 아파트 분양 광고.
출처 : 『주택』 제20~21호 (1967년 12월)

수세식 변기와 샤워기를 갖춘 화장실을 구비한 9~15평의
마포주공아파트와 같은 유형이었다. 마포주공아파트는
제2차 경제개발5개년계획에 담긴 도시 근로가구 주택 개발의
핵심적인 참조 선례였다. 1961년에 제안된 신혼부부를 위한
시범아파트가 67년 '소단위 가족의 간편 문화생활 공간' 규범이
되어 '10평형 아파트'로 번역된 것이다. 따라잡을 수 없는 수요
앞에서 효과적인 선례의 확대 재생산은 어쩌면 당연한 일이었다.
　　1차 계획기간에 비해 주택 부문 투자를 늘렸건만 폭증하는
주택 수요에 만족스럽게 대응할 수 없었다. 공급을 늘려도
주택이 더 부족해지는 현상을 보였을 때였다. 1945년 해방
즈음에 100만 명 정도였던 서울특별시의 상주인구는 1963년에
300만, 1970년에는 550만을 넘어서고 있었다.○
　　제2차 경제개발5개년계획에서 가용자원을 생산 부문에
집중시키는 경제 정책을 본격 추진하면서 주택 건설 정책은
다분히 우선순위에서 밀려났다. 결국 주택의 과부족분을
채우기 위해 민간의존도가 높아질 수밖에 없었다. 자연스럽게
주택 공급과 주택 정책 및 제도는 민간의존적이고 투기자본
의존적인 성격을 더욱 강화하게 됐다. "주택 건설(공급)은
민간이 주도하고 정부는 이를 적극 지원"하는 한국 주택 정책의
고유한 특성을 공고하게 굳히는 계기가 됐다.◎ '대한민국정부'
이름으로 발표한 『제2차 경제개발5개년계획』의 주택 부문
요약 내용은 단 한 쪽 분량에 불과했지만 정책의 방향은
노골적이었다.◉ 그대로 옮긴다.

○　이와 관련해 『동아일보』는
1966년 2월부터 10월까지 이호철의
「서울은 만원이다」를 연재하기도 했다.
참고로 서울 인구가 1,000만 명을
돌파한 때는 1988년이다.

◎　전상인에 따르면, 대한민국 주택
정책의 특성은 '첫째, 민간의존적이고
시장 중심적이라는 특성, 둘째, 소유를
전제하는 주택 정책이라는 사실, 셋째,

가계소득과 점유주택 규모의 정비례에
대한 강력한 믿음, 마지막으로 결혼한
단순 핵가족을 정책 집행의 대상으로
삼는 것'으로 '잘 팔리는 집을 많이 지어
팔도록 부추기는 것'이다. 『아파트에
미치다』(이숲, 2009), 57쪽.

◉　대한민국정부, 『제2차
경제개발5개년계획』(1966·5), 98쪽.

앞으로 이 부문(주택 부문)의 민간 건설을 유도하기 위하여 다음과 같은 정책 수단이 연구 발전되어야 한다. (1)민간투자를 최대한으로 유치하고 정부로서는 민간 활동에 의해 달성되지 못하는 부문과 공익에 필요한 부문만을 담당하되, 가능한 한 단독주택을 지양하고 고층아파트나 연립주택을 건설하도록 한다. (2)민간 주택금융 전담 기구의 설치에 관하여 연구 발전시킨다. (3)정부 주택금융사업을 주택채권 발행으로 전환하여 민간자금의 극대화를 꾀한다. (4)대단지 조성사업을 확대하여 도시의 근대화를 촉진하는 한편 저렴한 대지를 공급한다. (5)주택 및 건축자재의 규격화를 촉진하여 투자의 효율을 높이는 동시에 건축비용을 절감하도록 한다. (6)건축자재 생산업체로 하여금 주택사업을 직영 또는 간접 참여하도록 유도한다.

이에 따라 제2차 경제개발5개년계획 기간에 중앙정부가 서민주택 건설을 위해 지원한 재정 대부분은 지방정부에 집중되었다. 상대적으로 정부의 재정 지원이 미흡했던 대한주택공사는 중위 소득계층을 위한 주택 공급에 주력해야만 했다.○ 1964년에 준공한 이화동아파트와 정동아파트를 필두로 1965년에는 돈암동아파트, 동대문아파트, 홍제동아파트를, 그 뒤를 이어 1966년에 공무원아파트와 연희동아파트를, 1967년부터 1970년까지 정릉아파트, 문화촌아파트, 인왕아파트와 서서울아파트 등을 잇달아 공급했는데, 이런 상황에 대응한 결과였다.

한편 대한주택공사는 제2차 경제개발5개년계획의 정책 목표 가운데 하나인 민간을 위한 대규모 가용 택지 공급을 위해 화곡 10만 평에 이어 30만 평 단지를 조성 중이었다.

→ 9
10
11

276

○   공동주택연구회,『한국
공동주택계획의 역사』, 40쪽.

9   1969년 1월에 대한주택공사가
준공한 인왕아파트단지.
출처 : 대한주택공사 홍보실

10   1970년에 준공한 서울 마포구
아현동의 서서울아파트 전경.
출처 : 대한주택공사 홍보실

11   1970년 7월에 준공한
한강맨션아파트 전경.
출처 : 『주택건설』(1976년 10월)

또한 한국에서 처음으로 선분양제도를 적용한 중산층아파트인
한강맨션아파트를 같은 계획기간 중인 1970년 7월 7일
준공했다. 이 일련의 일들은 제2차 경제개발5개년계획의
핵심인 공업화 정책이 일정한 효과를 나타내면서 한국 사회의
사회적·경제적 변동이 일어나고 있음을 알리는 지표였다. 다시
말해 도시 인구가 급증하는 와중에 중간 소득층이 증가했고,
시장에서 이들의 주택 수요가 도드라지자 대한주택공사는
이 수요에 집중했다.○

　　마포주공아파트는 "젊은 중·상류층을 위한 '현대적
문화생활'의 터전으로 각광을 받으며 구반포와 여의도 등지로
빠르게 확산"◎해갔고, 5개년계획에 명시된 일련의 외인아파트
건설에서 고층의 꿈을 이어갔다.

→ 12 13

주택 공급 체제의 완성

국가 단위의 주택 공급은 건축 설계와 시공을 훨씬 뛰어넘는
복잡한 문제다. 도시 내에 거대한 필지를 마련하는 일, 건설
자금을 조달하는 일, 주택을 살 수 있도록 하는 금융 상품의
개발 등이 뒤엉켜 있다. 「한국주택금고법」은 민간자본을 동원해
주택 건설을 뒷받침하고 주택 구입을 위한 융자를 위해 1967년
3월 30일 제정, 시행되었다. 이 법 덕분에 당시 가장 큰 주택
공급업체였던 대한주택공사의 영향력은 강화되었다.

　　우선 주택금고의 융자 대상은 공영주택, 민간주택, 대지
조성, 기자재 생산 등 4가지였다. 공영주택은 「공영주택법」에
의거해 대한주택공사가 채무자가 되는 제1종 공영주택자금
융자와 지방자치단체가 채무자가 되는 제2종 공영주택자금

○　　같은 책, 38쪽.

◎　　박해천, 「아파트의 자서전」,

박배균·황진태 편저, 『강남 만들기,
강남 따라 하기』(동녘, 2017),
269~270쪽.

12 1968년 10월에 준공한
힐탑외인아파트 전경과 남산외인아파트
공사장 원경. 출처 : LH토지주택박물관
주택도시역사관 전시도록

13 1970년 11월 18일
한강외인아파트 준공 당일 거실 풍경.
출처 : KTV 「대한뉴스」 803호

융자로 분류하고, 민영주택은 주택채권 매입자 융자, 주택부금 가입자 융자, 일반 개인이나 조합 융자, 건설업자 융자로 분류했다. 대지 조성은 주택을 신축하고자 하는 사람에게 제공함을 목적으로, 하나의 단지가 1만 2,000제곱미터(약 3,600평) 이상의 토지를 주택 건축에 적합하도록 조성하는 경우에 융자하되 대상자에 따라 공영과 민영으로 구분했다. 기자재 생산은 시설자금 수요자와 운영자금 수요자로 구분해 융자 대상으로 삼았다.

눈여겨볼 점은 주택금고의 융자 대상 주택의 규모와 조건이다. 신축과 개량을 포함한 주택의 건설 자금이나 구입 자금 융자 대상에 제한을 두었는데, 건설의 경우는 1호 혹은 1가구당 건축면적이 66제곱미터(20평) 이하여야 하며, 구입할 주택에 대한 융자는 그 대상 주택이 방화구조 혹은 내화구조로 1호 혹은 1가구당 건축면적이 66제곱미터(20평) 이하, 대지면적이 230제곱미터(70평) 이하로 건축된 지 1년이 지나지 않은 주택을 주택건설자로부터 최초로 구입하는 무주택자여야 했다. 특히 공영주택을 구입하려는 개인은 주택 건설을 위한 대지를 소유한 무주택자로서 할부금 상환 능력을 갖춘 경우라야 했다.○ 직장별 사택 건설 자금도 융자 대상으로 삼았는데, 주요 생산업체, 교육 및 복지기관, 군경원호 대상자, 공인단체로서 종업원 수가 100인 이상인 경우였다.◎

위의 조건에서 알 수 있듯이 현실적으로 개인이 「주택금고법」에 따라 융자를 직접 받아 집을 짓기란 대단히

○ 융자금 상환기간은 통상 15년이었다. 1967년 말 이후 대한주택공사가 분양한 문화촌아파트, 정릉아파트, 인왕아파트 등의 경우 융자금 상환기간은 14년 6개월~14년 9개월이 주어졌다.

◎ 류돈우, 「주택금고를 이용하려면」, 『주택』 제20~21호

(1967년 12월) 21쪽 요약. 이런 이유로 1969년 말까지 준공했거나 시공 과정에 있던 직장별 사택의 주요 사례로는, 해병대의 사당동 파월장병주택, 삼성그룹의 남산동 삼성사우촌, 한국일보 사우촌, 유한양행의 화곡동 간부주택, 한국주택은행 고척동 단지, 안양문화촌, 상업은행 화곡동 단지 등이 있다.

요원한 일이었다. 법이 지원 대상으로 우선 상정한 것은 아파트 건설 업체와 아파트를 분양받는 이였다. 결국 「주택금고법」은 주택공사의 아파트 건설을 효과적으로 지원하기 위한 법이었다.

'한국 최초의 단지형 아파트'로 1962년부터 1964년까지 두 차례로 나눠 준공한 마포주공아파트단지는 총면적 1만 4,141평, 건폐율과 용적률은 각각 11퍼센트와 67퍼센트였다. 주택금고 융자 대상 기준인 3,600평의 거의 4배에 육박하는 규모였고, 주택공사는 이 같은 대단위 아파트단지 조성 경험을 가진 유일한 공공집단이었다. 또한 「대한주택공사법」에 따라 채권 발행과 토지수용권을 법적으로 부여받은 공적 기구이자 기관이었다. 1967년에 관련 법에 근거해 대지 조성과 아파트 건설을 위한 자격과 수단을 갖춤으로써 주택 공급에 관한 한 거대 공룡이 될 수 있는 모든 조건을 구비해나간다.

→ 14
15
16

14 마포아파트 완전
준공 후 항공사진(촬영일자 불명).
출처 : 대한주택공사 홍보실

15   마포아파트와 마찬가지로
Y자형과 一자형으로 구성된
서울 동부이촌동 공무원아파트.
출처: 대한주택공사 홍보실

287 　16　저층으로 구성한 잠실 1~4단지와
공사 중인 고층아파트인 5단지
항공사진. 출처:『아름다운 미래 행복을
짓는 사람들: 대한주택공사47년의
발자취 2』(2009)

토지구획정리사업의 주체가 된 대한주택공사

Y형 임대아파트가 분양으로 전환될 때 안타까움을 표한
박병주는 다른 한편으로 단지화가 가진 장점을 가장 먼저
포착하기도 했다.

"주택공사는 올해부터 공영주택 자금으로 계획하는 사업은
단독주택을 건축하지 않고 아파트만을 건설키로 했다. 아파트가
단독주택에 비해 염가하고 합리적이라는 결론을 얻은 것
같다"○는 것이 박병주의 의견이었다. 그는 "마포아파트단지가
결과적으로 성공한 것을 아는 시민의 입장에서 볼 때
주택공사의 이러한 방향 전환은 무엇인가 큰 기대를 걸어볼
일이라고 믿고 싶을 것"◎이라면서 그 방향은 당연하게도
'대단지가 유리하다는 방향으로 나아가야 할 것'이라고
조언했다. 아파트단지와 관련해 그는 언제나 '대규모'와
'대단지', '공공사업 우선'이라는 일관된 주장을 펼쳤다.

"서울에 시민을 위한 중층아파트가 출현되기로는
불과 8년 전(종암아파트, 개명아파트)의 일이다. 본격적인
단지시설을 갖춘 것으로는 4년 전에 건설된 640세대의
마포아파트가 있다. 그리고 작년부터 건설되고 있는 한강변
동부이촌동의 공무원아파트는 초등학교를 중심으로
2,000세대를 수용하는 계획 단지였다. 이제는 아파트가 우리의
신변 가까이에 있다는 느낌을 강하게 주고 있다"●고 덧붙였다.

박병주에게 단지란 기반시설과 주민편의시설을 완벽하게   → 17
갖춘 단독주택지와 더불어 경계가 비교적 명확한 일단의
계획적 주택지를 일컫는 것이었다. 이러한 구상을 계획적으로
실천하는 것이 바로 정부와 대한주택공사의 '단지화 전략'인데,

○   박병주, 「아파트 건설과   ◎   같은 글, 79쪽.
주택사업: 주택공사가 아파트 건설
일변도로 전환한 데 대하여」, 『주택』   ●   같은 글, 76쪽. 내용을 쉽게
제19호(1967년 6월), 76쪽.   이해할 수 있도록 일부 표현을
                              수정했다.

麻浦아파트와 單獨住宅과의 比較圖

17　마포아파트와 단독주택의 비교도.
출처 : 『주택』 제16호 (1966년 5월)

마포주공아파트단지는 단지화 전략을 통해 성공한 선도적
프로젝트로 간주되었다. 그는 학교와 공원, 놀이터 등 각종
편의시설을 완벽하게 갖춘, 경계가 비교적 명료한 일단의
주택지를 '단지'로 호명하며 마포주공아파트의 결과적 성공이
바로 '단지'에서 비롯됐음을 강조했다.

　　그러나 단지를 만들기 위해서는 큰 택지가 필요했다. 기존
도심의 필지를 매입해 사업을 펼친다는 것은 상상도 할 수
없었다. 마포주공아파트가 탄생할 수 있었던 것도 도심에서
멀지 않은 곳에 벽돌공장이 있었기 때문이었다. 단지화 전략이
효과적으로 작동하기 위해서는 땅을 마련하는 방법이 반드시
강구되어야 했다. 바로 이 시점에 토지구획정리사업이 더
효과적으로 재정비된다.

　　1966년 8월 3일 법률 제1922호로「토지구획정리사업법」이
「도시계획법」에서 분리되며 새롭게 제정됐다. 물론
「도시계획법」으로도 토지구획정리사업이 가능했지만
「도시계획법」에서 규정하고 있는 사항 이외에는 다른
법률을 따라야 했다.「토지구획정리사업법」제정은 절차를
간편하게 바꿔 증가하는 민간 택지 수요를 충족시키겠다는
것이었다. 대도시의 경우에는 도심 재정비를 효율적으로
추진하려는 것 또한 동 법이 기대하는 바였다. 법 제정 이후
토지구획정리사업은 가장 효율적인 택지개발사업으로
주목받으며 전국적으로 시행됐다.○　　　　　　　　　→ [18]

　　1967년「토지구획정리사업법시행령」으로 다듬어진
법에 따라 대단위 택지개발을 위한 법적 근거가 완성되었다.
대한주택공사는 이 법 제6조에 따라 토지소유자나 토지소유자가
설립한 조합이 아님에도 불구하고 토지구획정리사업의 시행인인
'실시 주체' 자격을 부여받았다. 법률은 '대한주택공사는
도시계획으로 결정된 구획정리사업을 실시할 수 있다'고

290

○　　공동주택연구회,『한국
공동주택계획의 역사』, 39쪽.

291

18 토지구획정리사업으로
조성된 대구 수성주택단지.
출처:『주택건설』(1976년 10월)

규정했다. 지방자치단체와 국가도 구획정리사업 실시 주체가
될 수 있으나 대한주택공사보다 복잡한 단서 조항이 있었다.

　　화곡 30만 지구, 개봉 60만 지구(1~2지구 포함), 대구
수성 주거단지와 서울 한남동 주택단지 등은 1967년 5월
「토지구획정리사업법시행령」 제정 이후 대한주택공사가
시행 주체가 되어 개발된 대표적인 대규모 주택지구였다.
경부고속도로 건설과 함께 진행된 영동1지구와 그 뒤를 이은
영동2지구 토지구획정리사업은 오늘날 강남을 탄생시킨
밑거름이 된다. 1973년부터 영동-잠실지구를 대상으로
대규모 주택 건설이 추진된 것도 모두 토지구획정리사업
덕에 가능했으며, 서울 동쪽의 대단위 아파트단지
조성사업인 잠실대단위아파트지구는 대한주택공사가 꼽는
토지구획정리사업의 대표적 사례였다.○　　　　　　　　　　→ 19

　　토지구획정리사업은 기본적으로 토지 소유자들의
소유권을 그대로 유지하면서 구획정리를 추진하고, 사업이
완료된 뒤에 원래의 토지 소유 비율에 따라 구획 정리된 토지를
돌려주는(환지, 換地) 방식이다. 따라서 원래의 토지 소유자가
여럿이면 사업이 마무리된 뒤에도 대지가 여러 개의 소규모
필지로 나뉘는 것은 불가피하다. 그러나 마포주공아파트처럼
대단위 아파트지구로 개발하려면 그에 걸맞는 대규모 용지가
필요한 까닭에 소규모 필지로 구획정리사업을 마무리하는 것은
대한주택공사의 입장에서 치명적일 수밖에 없다.◎

○　　잠실대단위아파트지구에는
원래 민간건설업체의 맨션 붐을
모방해 32~42평형을 중심으로
중형대 이상의 아파트를 지을
예정이었는데, 저소득층과 중소득층이
골고루 입주할 수 있도록 하라는
대통령의 지시에 따라 7.5평 아파트가
500가구, 10평형 600가구, 13평형
7,610가구, 15평형 3,400가구, 19평형

730가구 등 총 1만 5,250가구가
입주할 수 있도록 변경됐고, 전체의
49.9퍼센트가 13평형이었다. 손정목,
『서울 도시계획이야기 3』(한울,
2003), 216~217쪽. 잠실지구 전체의
계획인구는 10만 명이었다.

◎　　박인석, 『아파트 한국사회』,
30~31쪽.

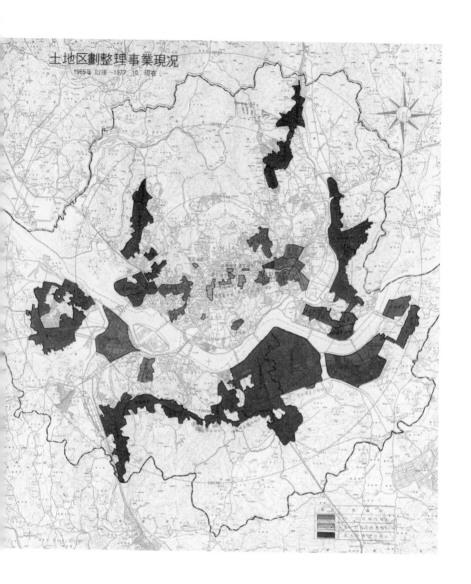

土地区劃整理事業現況
1965年 以後 ~1977. 10. 現在

293

19   서울시 토지구획정리사업
현황(1965~1977·10).
출처: 서울특별시

이러한 문제 때문에 잠실지구 개발에서는 아예 → 20
「토지구획정리사업법」을 일부 개정해○ 체비지(替費地)만으로도
대규모 부지를 확보할 수 있도록 했다. 체비지란 부정형의
농지나 대지를 반듯하게 만드는 토지구획정리사업에 드는
직간접의 비용을 땅으로 부담하는 과정에서 생기는 것이다.
부정형의 농지 100평을 반듯하게 한 뒤 75평의 농지를
되돌려받았다면 비용 대신 토지 소유자가 부담한 토지
감보율(減步率)이 25퍼센트이고 체비지는 25평이다. 이렇게
생긴 체비지를 집단으로 묶은 것을 집단체비지라 하는데,
토지구획정리사업을 통해 집단으로 확보한 토지를 민간에게
매각한 대표적인 사례가 바로 잠실의 롯데월드이다.◎
잠실지구에 대단위 아파트단지들이 들어설 수 있었던 것도
바로 이 때문이다. 1980년 12월 31일 제정된 「택지개발촉진법」
시행 전까지 토지구획정리사업은 택지를 정형으로 개발하거나
대단위 주택지를 조성해 대규모 단지식 아파트를 만들 수 있는
거의 유일한 법적 수단이었다. 공장터였던 곳에서 처음 시도된
단지식 아파트의 모델이 토지구획정리사업으로 마련된 대형
택지와 결합하면서 한국의 보편적 대단위 아파트단지 만들기의
템플릿이 되었다.

○　1975년 12월 31일자로 개정된
내용 가운데 여기서의 논의와 관련된
것은 "사업 시행자는 국민주택 건설을
촉진하기 위하여 필요한 경우에
체비지 중 그 일부를 집단으로 정할 수
있도록 함"이다. 토지 소유자가 비용
대신 토지로 사업 비용을 대체 지불하는
경우 각각의 토지 소유자가 대체하는
토지를 합해 대규모 체비지를 조성할 수
있다는 것인데 이렇게 조성된 대규모
체비지를 대한주택공사가 획득해
아파트단지를 조성했다.

◎　토지구획정리사업과 관련해서는
박철수, 『아파트: 공적 냉소와 사적
정열이 지배하는 사회』(마티, 2013),
103~107쪽 참조.

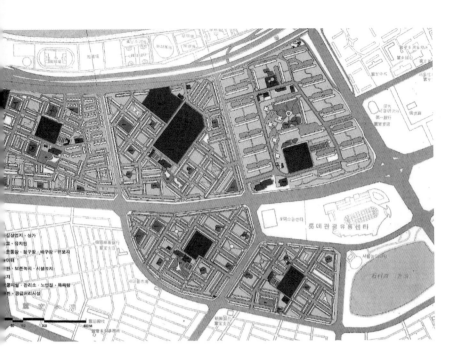

20 집단체비지를 활용한
잠실주공아파트단지 종합배치도.
출처:『대단위단지개발사례연구
자료집』(1987)

고층아파트에 대한 한시적 취득세 감면

마포주공아파트단지 전체 준공이 끝난 지 얼마 지나지 않은 1965년 9월 15일 내무부는 '고층아파트 건설에 따른 지방세 감면 조치'를 시행했다.○ "도시의 토지이용도를 높이고, 막심한 주택난을 집약적으로 해결하기 위하여 고층아파트의 건설을 권장코자 세법상의 감면 조치 방안이 1965년 6월 25일 제56차 국무회의에서 의결되었기에 이를 시달하니 본 사업 시행에 따라 지역의 특수성을 감안하여 지침에 따라 감면 조례를 제정, 조치함과 동시에 본 정책을 적극 지원하기 바란다"◎는 내용이었다.

→ 21

서울과 부산은 4층 이상 20세대(기타 도시는 무주택자 10세대) 이상 아파트에 대해, 대구와 인천은 3층 이상 10세대 이상, 광주, 전주, 청주, 춘천, 제주는 2층 이상(목포와 마산, 울산은 제한 없음) 10세대 이상 아파트에 대해 1966년부터 1970년까지 5년 동안 취득세의 50퍼센트 이내 범위에서 감면해주기로 했다. 이러한 불균일과세◉는 마포주공아파트의 공간기획 전략과 영향력이 과세 부문에 이르기까지 매우 세밀하게 영향을 미치고 작동했음을 의미한다. 마포주공아파트단지 준공 이후 임대아파트의 분양 전환 과정을 거치면서 서울 등 대도시를 중심으로 전례 없는 아파트 건설이 이어졌는데, 취득세 감면은 이를 독려하기 위한 조치였다.

○ 서울, 부산, 대구, 인천, 대전, 광주, 전주, 청주, 춘천, 제주, 목포, 마산, 울산 등 13개 도시를 지방세 감면 조치 시행 대상으로 삼았다.

◎ 내무부,「고층아파트 건설에 따른 지방세 감면 조치」, 1965·9·15, 국가기록원 소장.

◉ '불균일과세'(不均一課稅)란 균등 과세의 대원칙에서 벗어나 지방세에 해당하는 취득세(아파트) 감면 조치의 최대 허용범위인 50퍼센트 이내에서 해당 도시의 재정 형편 등 서로 다른 여건에 따라 과세 비율을 달리 정할 수 있다는 의미이다. 이러한 조세 행정 행위는 법적 근거를 갖춰야 해서 공문에 열거한 13개 시급 자치단체는 이에 관한 조례를 제정한 뒤 시행하라는 행정명령이 하달되었다.

296

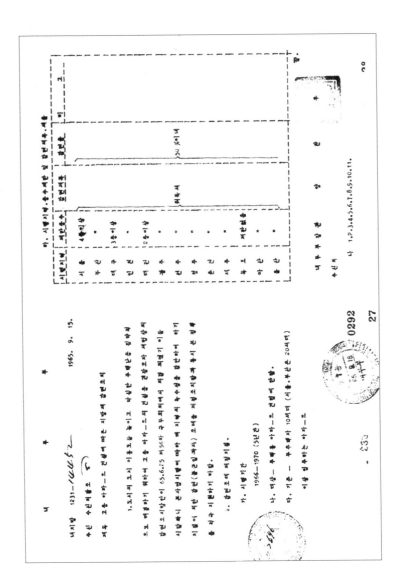

21 「고층아파트 건설에 따른 지방세 감면 조치」(1965·9·15).
출처: 국가기록원

마포주공아파트의 무리한 진행과 예상 이상의 성공은 이후 정부 정책을 고층아파트 중심으로 재편하는 촉매가 되었다.

땅과 건설 자금을 확보하지 못한 상태에서 미국의 반대를 무릅쓰며 프로젝트를 성사시키기 위해 동분서주했던 장동운이 처음 그린 마포주공아파트 스케치는 「주택금고법」과 「토지구획정리사업법」, 세금 감면 같은 법령과 제도의 지원을 충분히 받으며 점차 구체적인 풍경으로 다듬어져갔다. 도시 내 대규모 아파트단지라는 이 그림은 제3차 경제개발5개년계획 기간에 조성된 잠실대단위아파트단지에 이르러 완성될 터였다.○

○ '잠실대단위아파트단지'(일명 잠실대단지)는 1974~1975년에 걸쳐 1~4단지를 준공했고, 1978년 11월에 15층 주거동으로 이루어진 고층아파트단지(5단지)를 준공했는데 당시 대한주택공사가 준공한 반포주공아파트 사업 규모에 비해 무려 5배가 큰 규모였다. 박철수, 『한국주택 유전자 2』, 579쪽.

9

마포에서
잠실까지
: K-Housing
Model 완성

5·16 쿠데타로 정권을 찬탈한 직후 군부는 부정 축재 혐의자로
화신산업 박흥식 사장 등 29명을 전격 구속했다. 구속된 이들은
앞으로 군사정권에 적극적으로 협력하겠다고 약조하거나
재산의 일부 또는 전부를 국가에 헌납하겠다는 서약을 한
뒤에야 6월 30일부터 하나둘 풀려날 수 있었다. 가회동 집에
머물다가 5월 23일 밤 가장 먼저 구속된 박흥식은 43일이 지난
1961년 7월 5일 풀려났다. 군사정권의 부정축재처리위원회
위원장이었던 육군 소장 이주일은 국가재건최고회의 결정
사항을 이유로 들며 풀려나는 박흥식에게 과제 하나를
내주었다. 「도시계획사업계획서」를 만들어 제출하라는
것이었다.○ 이는 후일 '박흥식의 남서울계획(안)'이라 불리게
된다. 「도시계획사업계획서」는 박흥식이 구속 상태에서
하루라도 빨리 벗어날 요량으로 군부에 먼저 제안했던 것이
아니라 그들의 강권에 의한 것이었다.

→ 1/2

　"장차 예상되는 수도 서울의 인구 증가에 대비한

301　　○　　손정목, 『서울 도시계획 이야기
1』(한울, 2003), 179쪽 내용 재정리.
국가재건최고회의에서 이런 결정을
내린 배경은 박흥식 사장을 불러
조사하는 과정에서 일제강점기인

1930년대 중반에 그가 주도해
불광동-수색 구간을 대상으로 일종의
신도시계획을 수립한 적이 있음을
파악했기 때문이었다.

1 박정희 국가재건최고회의 의장의
최고위 개의(開議) 장면(1961·9).
출처: 국가기록원

2 박정희 국가재건최고회의
의장의 박흥식 화신산업 사장 접견 및
면담(1962·1). 출처: 국가기록원

주택건설계획을 민간기업인 입장에서 구상해 제출하라"는 것이
박흥식에게 주어진 과제였다. 사업 수완이 남달랐던 박흥식은
자신은 책임지지 않은 채 발을 뺄 수 있는 아이디어를 만들어
제안했다. 경기도 시흥군 과천면과 신동면, 광주군 은주면과
중대면 일대 2,400만 평의 땅에 중앙정부가 직접 이상적인
신도시를 건설하면 능히 30만 명 이상의 인구를 수용할 수
있다는 것이 제안의 골자였다.○ 1962년부터 본격 착수할 제1차
경제개발5개년계획 수립에 몰두하고 있던 군사정권은 제안자인
박흥식이 개인 사업으로 추진하되, 사업에 필요한 자금 조달
등에 직간접적인 지원을 아끼지 않겠다는 역제안을 했다.◎
이에 박흥식은 일본의 4개 기업체로 구성된 '기업단'과 여러
차례 협상한 끝에 향후 10년간 매년 1,000만 달러씩 구상무역을
하기로 합의를 이끌어내고 남서울계획안을 만든다. 이를

→ ③ 서울특별시장에게 제출한 것은 1963년 1월이었다.●

○ 이에 대해서는 같은 책,
167~205쪽 참조.

◎ 미국의 원조가 계속 줄어드는
상황에서 당시 한국의 자본 동원의 상당
부분은 차관(借款)에 의존할 수밖에
없었다. 미국과 소련의 전후 냉전 속
반공의 전초기지가 된 한국의 지정학적
이유로 인해 자본주의 진영으로부터
차관은 상대적으로 수월하게 들어올 수
있었다. 군부는 박흥식 사장이 직접
외국자본을 상업차관으로 들여올 경우
정부로서는 지원을 아끼지 않겠다고
한 것이다.

● 서울특별시장에게
남서울계획안을 제출한 후 박흥식은
1963년 8월부터 '화신산업 대표'라는
직함 대신 '흥한도시관광주식회사
발기인 대표'를 사용했다. 본격적인
신도시계획과 개발을 전담할 법인을
별도로 만든 것이다. 서울특별시장에게
도시계획사업인가서를 제출하기 전
박흥식은 일본기업단과 체결한
무역협정 결과를 청와대에 보고해
박정희 의장으로부터 적극 추진하라는
지시를 받은 바 있다.

3 　박흥식의 남서울계획도.
출처 : 서울역사박물관 ⓒ최종현

남서울계획 주거지 4블록 아파트지구 계획안

손정목의 증언에 따르면, "박흥식의 요청에 의하여 최경렬, 이천승 등이 남서울계획안 수립에 참여한 것은 1962년부터였고, 서울시에 있던 박동식이 이 계획안 수립 과정에서 실무를 관장한 것은 1963년 5월 말부터였다. (…) 남서울계획에 참여했던 주요 인물 세 사람 중 최경렬·박동식은 도로기술자였고 이천승은 건축가였다."○ 계획 대상지의 총면적은 2,410만 평이었고, 이 가운데 개발 예정 지역은 1,100만 평이었다. 오늘날 서초구와 강남구에 해당하는 영동 1, 2지구 800만 평과 잠실지구 400만 평을 합한 면적에 달한다. 최경렬과 박동식은 가로망계획과 획지분할계획을 맡고 이천승이 중심 상업지역과 주거지의 블록별 밀도에 따른 건축 유형 제안과 배치계획에 참여했을 것으로 추정된다.

→ ④

이 야심찬 계획에서 눈여겨볼 대목 중 하나는 주거지 4블록 계획도에서 아파트단지로 보이는 2곳과 여기에 들어선 건축물 유형이다. 마포주공아파트에서 우선 착공했던 6개의 Y자형 주거동과 굉장히 유사하다. 특히 도면 우측에 따로 표기한 아파트단지는 부지의 형상뿐 아니라 단지 중앙을 가르는 도로, 그리고 이 도로를 중심으로 Y자 모양의 6층 건축물인 C-1형과 C-2형을 각각 3개씩 배치했던 마포주공아파트단지와 매우 흡사하다. 그대로 옮겨놓았다고 할 정도다.

→ ⑤

건축가 이천승은 1962년부터 남서울계획에 참여했다. 마포아파트 기본설계가 마무리된 시점은 1961년 9월, 3개월 뒤인 1961년 12월에 대한주택영단은 기관지 『주택』제7호에서 표지를 포함해 마포아파트 모형 사진과 투시도 및 도면을 특집으로 다루었다. 이천승이 관여한 남서울 주거지 4블록의 아파트지구는 마포아파트를 모델로 삼은 것이 틀림없다.

305

○　손정목, 『서울 도시계획 이야기 1』, 190~191쪽.

PLANNING FOR N°4 BLOCK

4　박흥식의 남서울계획도 주거지
4블록 계획도. 출처 : 서울역사박물관
©최종현

5　마포주공아파트단지 항공사진.
출처 : 『대한주택공사 주택단지총람
1954~1970』(1979)

토지구획정리사업이 도시계획의 유일한 수단이었고, 여전히
단독주택을 주거의 표준이라고 여기고 있는 남서울계획도에서
Y자 아파트 6동으로 배치된 단지는 이 계획에 새로움을
부여하는 거의 유일한 장치였다. 정부의 정책을 적극
반영한다는 태도를 드러내면서 말이다. 완성되기 전부터
마포주공아파트는 새로운 개발을 알리는 이미지로 기능했다.

동일 주거동 반복 배치의 출발과 마포주공아파트

마포주공아파트의 동 배치는 단지 내부의 중앙로를 중심으로
이루어졌다. 중앙로 좌우로 Y자형이 3동씩 먼저 자리를 잡았고,
―자형 4동은 Y자형 바깥으로 단지 경계를 따라 배치되었다.
남서울계획 등에서 Y자형 아파트를 개별 동으로 보기보다
6동을 마치 한 세트처럼 여긴 것도 단지 중앙을 향해 6동이
모여 있는 듯한 마포아파트의 배치 때문일 것이다. 10층에서
6층으로 규모가 줄어들었기 때문에 동 간격, 채광과 사생활
보호 등에는 여유가 있었다. 60년대 중반에 크게 고려할 만한
사안은 아니었겠지만 말이다. 마포에서 처음 국내에 적용된
동일 주거동의 반복 배치는 이후 점차 획일적 또는 합리적으로
이루어진다. 주거동 유형의 개수는 줄어들었고, 한 방향을 향해
같은 동 간격으로 배치되는 일이 잦았다. 동일 주거동을 단순한
패턴으로 반복 배치하는 일은 설계와 시공 과정을 단순하고
효율적으로 만들 수 있었고, 분양비와 분양 후 시세의 표준화를
가능케 했다. 이런 배치는 서울 동부이촌동의 한강아파트
지구에서 본격화된다. 이 지구에 공무원아파트(1966~1969년),
한강맨션아파트(1970년), 한강외인아파트(1970년),
한강민영아파트(1971년)가 들어섰는데, 대부분 한두 개의

6　동일 주거동 반복 배치의 전형을
보이는 한강맨션아파트단지(1974·10).
출처: 서울특별시 항공사진서비스

7　서울시 전경을 배경으로 촬영한
한강지구 아파트단지(1972·10).
출처: 국가기록원

주거동 유형을 반복 배치해 각 단지를 구성했다.○

특히 공무원아파트단지는 1966년에 2개의 서로 다른 주거동 유형으로 8개 동 312세대를, 1967년에는 단 하나의 주거동을 15회 반복적으로 배치해 600세대 모두를 채웠다. 1968년에는 2개의 주거동 유형으로 6개 동 160세대를, 1969년에도 4개의 주거동 유형으로 6개 동 240세대를 공급했다. 도로를 사이에 두고 공무원아파트단지와 마주하는 한강맨션아파트에는 점포형 주거동 3개와 일반 주거동 5개를 이용해 23개 동 660세대를 공급했다. 외인아파트의 경우도 다르지 않아 구분하기도 어려울 만큼 비슷한 6개 주거동 유형으로 18개동 500세대를 조성했고, 한강민영아파트는 4개 주거동 유형으로 22개동 748세대의 아파트를 공급했다.◎ 대략 5년에 걸쳐 완성된 한강아파트지구는 서쪽 끄트머리의 Y자형 주거동과 직각 배치된 일부를 제외하면 ㅡ자형 주거동 하나로 지구 전체를 채운 셈이다.

이러한 경향은 반포주공아파트에서 더욱 강화된다. 반포주공아파트단지에는 모두 106개의 주거동이 있는데 이 가운데 32평형 30세대로 구성된 5층짜리 주거동 26개는 인동거리(隣棟距離)까지 동일하게 유지하면서 단지 전체에 걸쳐 겹겹이 배치되었다. 마찬가지로 42형평 30세대로 이루어진 주거동 16개, 22평형 50세대짜리 주거동 13개, 40세대짜리 주거동 12개가 모두 같은 방법으로 군집하면서 남향 배치됐다.

← 6
   7

→ 8

○ 동부이촌동 공무원아파트 계획에 직접 간여했던 박병주는 생전에 필자와의 면담(1998년 7월 23일)을 통해, 당시 가장 규모가 컸던 경우가 동부이촌동 공무원아파트단지였고, 그가 1966년 IFHP(국제주택·도시계획연합) 도쿄회의에 참석하며 시찰했던 일본의 최신 아파트를 참고해 부지에 백지계획을 했는데 후일 총무처와의 협의를 거쳐 자신의 계획이 실행계획으로 채택됐다고 회고했다. 대한국토·도시계획학회 편저, 『이야기로 듣는 국토·도시계획 반백년』, 115쪽.

◎ 대한주택공사, 『대한주택공사주택단지총람 1971~1977』(대한주택공사, 1978) 5~11쪽 참조.

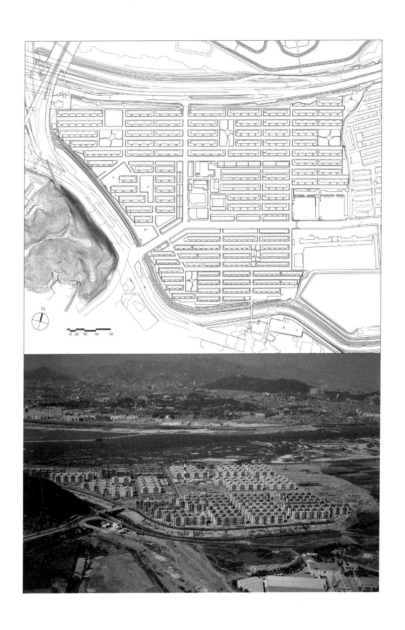

310

8　반포주공아파트단지
배치도 및 전경. 출처: 대한주택공사,
서울역사박물관

→ 9
10

1920년대 독일의 모더니스트, 특히 루트비히 힐버자이머 같은 건축가들이 제시한 이상이 서울의 한강변에서 이루졌다고 보아도 과장은 아닐 것이다.○

　　마포주공아파트의 一자형 주거동이 이후 '판상형'으로 불리며 지역을 막론하고 남쪽을 향해 열을 맞추어 반복되었다면, 마포주공아파트의 상징적인 Y자형 주거동은 어땠을까. 앞에서 언급한 1963년에 박흥식의 남서울계획 주거지 4블록 아파트지구에 등장한 이래 한 시대를 풍미했다. 서울 동부이촌동을 필두로 하는 전국의 공무원아파트(부산, 광주, 대전 등)와 연희동아파트 등 1960년대 서민아파트와 중산층용 아파트단지에 부지의 맥락이나 조건과 아무런 상관없이 반복적으로 채택됐다. 1970년 여의도지구의 초기 개발 구상안에도 등장했으며, 워커힐아파트와 서울 도심의 민간아파트단지인 혜화동 아남아파트, 서울 강남의 한복판이라 할 수 있는 고속버스터미널 건너편 신반포지구 한신4차아파트단지 등에도 그대로 복제, 적용됐다. 1980년대 이후에도 실현되지 않은 계획안에 Y자형 주거동이 등장한다. 1984년에 우성건설이 마포주공아파트 남서측 도원동 일대 구릉지를 대상으로 주택개량재개발사업을 추진하면서 작성한 기본계획에 Y자형 3개 동을 거의 그대로 반복했다. 마포주공아파트단지의 Y자형 주거동은 시간을 거치며 점점 고층화되면서 유형적으로는 '탑상형'(혹은 타워형) 아파트로

→ 11

변모해갔다고 할 수 있다.◎

○　　루트비히 힐버자이머의 고층도시(High-rise City, 1924)에 대해서는 Ludwig Hilberseimer, *Metropolisarchitecture and Selected Essays* (New York, GSAPP Books, 2013)을 참조.

◎　　백욱인은 일본 내 미군기지가 '단독형 아파트나 교외 주택과 달리 넓은 구획 안에 공공시설과 주택을 대량으로 건설한 '단지' 스타일 주거지역이었다'는 요시미 순야의 주장을 인용하면서(『왜 다시 친미냐 반미냐』[산처럼, 2008], 191쪽), 일본의 아파트 단지와 우리나라의 마포주공아파트단지 역시 이로부터 기인한 것이 아닐까 하는 조심스러운 해석을 제시한 바 있다. 『번안 사회』(휴머니스트, 2018), 240~242쪽.

9 　루트비히 힐버자이머의
고층주거도시(Hochhausstadt) 계획안,
1924.

10 　여의도시범아파트
계획안(1970·7). 출처 : 서울특별시
서울도서관

313

11   워커힐아파트 항공사진(1978).
출처: 서울특별시 항공사진서비스

1인당 국민소득이 80달러 정도에 불과하던 시절
5·16 쿠데타 주도 세력이 대한주택공사 설립에 맞춰 최대
역점사업이자 시범사업으로 추진했던 마포주공아파트는
도시주택의 중심이 단독주택에서 아파트단지로 이행하는
시기에 사업자나 입주자 모두에게 긍정적이건 부정적이건
귀중한 참조적 선례가 됐다. 이후 전국의 아파트단지는
판상형과 탑상형의 반복 배치에서 좀처럼 벗어나지 않았다.

한국 최초 단지식 아파트가 만들어낸 빗장 공동체

마포주공아파트나 1965년에 준공한 서울 이태원의
육군아파트를 항공사진을 보면 부지의 상대적 거대함이나
건축물의 육중함이 주변과 놀랄 만한 대조를 이룬다. 하지만
아파트 준공 후 아파트 이름의 끄트머리에 '단지'(團地)를
추가로 붙여 부르는 경우는 드물었다. 당연히 마포주공아파트
준공식 행사 현장의 현수막에도 '마포아파트 준공'이라
표기했다.
　주종원이 '[마포아파트가 들어간 대지에] 단독주택으로
수용한다면 다만 도로만 있는 단지'가 되었을 것이라고 했던
것이나○ 박병주가 '우리나라 최초로 건설된 단독주택 위주로 된
주택단지로 수유리 단독주택을 꼽았던 사실'에서도 알 수
있듯,◎ 1960년대 초기에 계획가들 사이에서는 적어도 안팎을
구별하는 장치이자 상징어로서의 '단지'는 크게 입에 오르지
않았고, 그 어휘가 갖는 사회구성원의 공감도 존재하지 않았던
것으로 보인다.◉

→ 12 13

→ 14

○　주종원,「커뮤니티 계획에 있어서
아파트와 단독주택」,『주택』제16호
(1966년 5월), 30쪽.

◎　대한국토·도시계획학회 편저,

『이야기로 듣는 국토·도시계획
반백년』, 114~115쪽.

◉　1963년 박병주가 ICA기술실
부실장으로 있을 때 대한주택공사의

12 1965년 3월에 준공한 이태원
육군아파트. 출처 : 서울역사박물관
ⓒ노무라 유키모토

13 1962년 12월 1일 대통령 권한대행
대신 김현철 내각수반이 참석한
마포아파트 준공식. 출처 : 국가기록원

14 도시계획가 박병주가 한국
최초의 주거단지라 했던 수유동지구
주택단지. 출처:『주택』제10호(1963년
6월)

반면, 2005년 장동운은 우리나라 아파트단지의 시초가 바로 마포아파트였고, 요즘의 단지화 구상에 아쉬운 마음이 든다며 못마땅함을 토로한 적이 있다. 장동운의 입장에서는 지역난방 방식을 택해 개발지역 전체를 일괄적으로 관리하는 개념이 단지를 설명하는 중요한 요소였다. 그래서 그는 최소 1,000세대는 되어야 단지가 될 수 있다고 여겼다. 가구당 가구원수를 5명으로 상정하면 모두 5,000명의 거주자가 집단을 이루는 규모였고, 부지 면적과 상주인구를 견줘보니 10층짜리 주거동 11개여야 한다는 결론에 이르렀던 것이다. 마포주공아파트의 규모는 곧 단지의 조건이었다.

새로운 주거지인 아파트단지의 담장 안에서는 특별한 불편 없이 일상을 영위할 수 있어야 했고, 동시에 그렇게 만들어진 단지를 적정 규모로 삼아 중앙난방과 24시간 온수 공급 등 근대 문명의 혜택이 제공되어야 했다.

→ 15 독립적인 생활권을 조성한다는 아이디어는 1920년대 후반 미국의 도시계획가 클래런스 페리로 거슬러 올라간다. 'Neighbourhood Unit Theory'인데 한국과 일본의 경우는 이를 '근린주구론'(近隣住區論)으로 번역해 사용해오고 있다.○ 간단히 요약하면 다음과 같다. 근린주구론은 ①규모: 사람들이 어울려 살 수 있는 주거지의 개발 규모와 단위는 초등학교 1개가 들어갈 수 있을 정도여야 하며, 그 면적은 원칙적으로 인구 밀도와의 관계 속에서 고려한다. ②경계: 근린주구의

홍사천 이사가 일본에서 사용하는 '주택단지'라는 용어에 대해 설명해 달라 하면서 장동운 총재와 얘기를 나눌 테니 주택문제연구소 단지연구실장으로 오라고 해 주종원과 함께 대한주택공사로 자리를 옮겼다고 했다. 이직 후 박병주는 1963년 6월에 발행된 『주택』 제10호를 통해 「단지연구의 당면 과제」라는 글을 발표했는데, 당시만 하더라도 '단지'란 학교 등을

갖춘 대단위 동시 개발지역을 일컫는 것이어서 지금의 아파트단지와 다르게 이해하고 인식했다.

○ C. A. Perry, "The Neigfborhood Unit," *Regional Survey of New York and Its Environs*, vol.VII (1929), pp. 34~35; Harold MacLean Lewis, *Planning the Modern City*, Vol. 2 (John Wiley & Sons, 1957), p. 4.

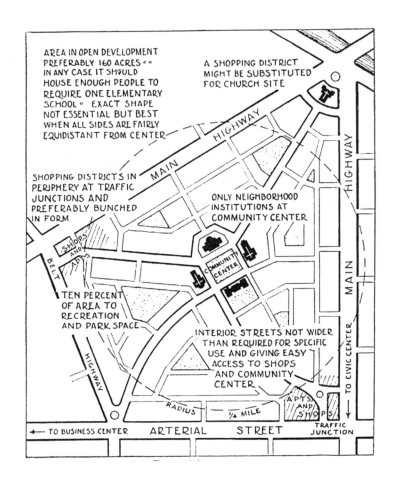

AREA IN OPEN DEVELOPMENT
PREFERABLY 160 ACRES ∘∘
IN ANY CASE IT SHOULD
HOUSE ENOUGH PEOPLE TO
REQUIRE ONE ELEMENTARY
SCHOOL ∘ EXACT SHAPE
NOT ESSENTIAL BUT BEST
WHEN ALL SIDES ARE FAIRLY
EQUIDISTANT FROM CENTER

A SHOPPING DISTRICT
MIGHT BE SUBSTITUTED
FOR CHURCH SITE

HIGHWAY

SHOPPING DISTRICTS IN
PERIPHERY AT TRAFFIC
JUNCTIONS AND
PREFERABLY BUNCHED
IN FORM

MAIN

ONLY NEIGHBORHOOD
INSTITUTIONS AT
COMMUNITY CENTER

Shops
AND

BELT

COMMUNITY
CENTER

TEN PERCENT
OF AREA TO
RECREATION
AND PARK SPACE

INTERIOR STREETS NOT WIDER
THAN REQUIRED FOR SPECIFIC
USE AND GIVING EASY
ACCESS TO SHOPS
AND COMMUNITY
CENTER

HIGHWAY

MAIN

TO CIVIC CENTER

RADIUS ¼ MILE

APTS
AND
SHOPS

◄— TO BUSINESS CENTER   ARTERIAL   STREET   TRAFFIC
JUNCTION

318

15 페리의 근린주구론 개념도.
출처 : Harold MacLean Lewis,
Planning the Modern City Vol. 2, 1957

외곽은 모두 자동차 통행이 자유로운 간선도로와 면해야 하며, 다른 지역과 자동차를 통해 쉽게 연결될 수 있는 너비여야 한다. ③오픈 스페이스: 근린주구에 거주하는 사람들이 자유롭게 이웃과 친분을 나눌 수 있도록 오픈 스페이스와 휴게공간을 가진다. ④부대시설 설치: 초등학교와 그 밖의 다른 주민공동시설들은 가급적 한곳에 집중되어야 하며, 주민들의 이용에 불편이 없도록 도보거리에 위치해야 한다. ⑤상가: 하나 또는 그 이상의 상업용지가 만들어져야 하는데, 근린주구에 거주하는 사람들이 불편하지 않도록 충분한 규모로 조성되어야 하고, 근린주구의 외부에 위치하되 교차로나 주변 근린주구와 이어지는 곳에 조성한다. ⑥내부가로망: 근린주구는 아주 특별한 가로체계를 가져야 하는데 외곽을 지나는 자동차 전용도로와 연결되어야 하지만 근린주구 내부의 도로는 직선으로 가로지르는 통과 교통은 허락하지 않는다.

　　우리나라에서는 1956년에 윤정섭이 「근린주구 계획구성의 개요」라는 연구논문을 『건축』에 게재한 것이 처음이다. 이 글은 대한주택영단이 조성한 휘경동과 정릉동 국민주택지구, 서울시가 개발한 청량리와 신당동의 재건(부흥)주택지구, 그리고 한미재단(KAF)이 서대문 인근에 원조주택을 건설한 행촌동지구 계획안을 살핀 것이다.○ 윤정섭은 결론에서 근린 단위의 기준 면적이 110~220에이커(11만 2,000~22만 4,000평)인데 서울시의 사례는 좁은 면적에 다수의 주택을 넣어 고밀도 지구가 되면서 공용 용지나 녹지, 레크리에이션 용지에 대한 배려가 소홀하다고 했다. 주택 유형에 대해서는 한미재단의 행촌동지구를 제외하며 모두 동일 유형을 배치해

　○　「근린주구 계획구성의 개요」는 윤정섭의 석사학위논문으로 대한건축학회 계간지『건축』 제2호(1956년 4월) "주택" 특집호 86~101쪽에 요약본이 실렸다.

너무 단순하다고 평가하면서 단독주택, 연속주택(row house), 집합세대주택(apartment house) 3종류를 섞어야 녹지와 공용용지 그리고 유보지를 적절하게 확보할 수 있다고 제안했다. → 16 17

　　마포주공아파트 부지면적은 1만 4,141평으로 윤정섭의 주장한 주거근린의 이상적 면적 11만 2,000평의 12.6퍼센트에 불과했다. 50~60년대 한국에서 이상적인 근린주구론을 구현할 '단지식 아파트'를 적극 조장하는 '단지화 전략'은 마포주공아파트단지 이후 점점 더 교묘하고 정교하게 다듬어졌고,○ 그 구체적 수단이자 이론적 배경으로서의 근린주구론은 해를 거듭할수록 더욱 강력한 교본이자 수단으로 거듭났다. 마포주공아파트 건립 이후지만 초등학교와 상가, → 18 유치원, 동사무소, 파출소 등을 두루 갖춘 광역개발지로서의 화곡지구는 그 이전의 단순한 필지 분할에 기초한 주택지 계획과 차별성을 보이면서 여러 주택 유형이 한데 어우러져 있었다. 그러나 이후 화곡 구릉지와 같은 경우는 더 이상 → 19 등장하지 않았다. 이유는 간단하고도 분명하다. 화곡지구는 '단지식 개발'이 아니었기 때문이다. 아파트단지 건설은 거의 유일한 모범 답안이 되어 몸집을 불려갔다.

　　한강아파트지구와 반포를 거쳐 자족적인 단지라는 이상과 근린주구론은 잠실에서 거의 온전한 형태로 구현된다. 잠실아파트지구는 단지화 전략의 최종 목적지였다. 페리의 근린주구론을 교과서처럼 철저하게 따르고 있을 뿐만 아니라 어떤 면에서는 이론을 앞질러 한 걸음 더 나아갔다. 한강 지류를 → 20 21 매립해 확보한 부지였는데, "경부고속도로 건설에 참여한 건설업체들에게 일종의 경제적 보상을 위해 매립 허가를 내주면서 형성된 거대한 개발지였다".◎ 1~5단지로 구성된

○　고밀화 전략으로서의 고층화, 평행 배치에서 격자 배치로, 인동 거리의 점진적 축소, 그 외에도 단지 내 공동시설 설치 의무 법제화 등에 대해서는 공동주택연구회,

『한국 공동주택계획의 역사』, 237~324쪽 참조.

◎　같은 책, 120쪽.

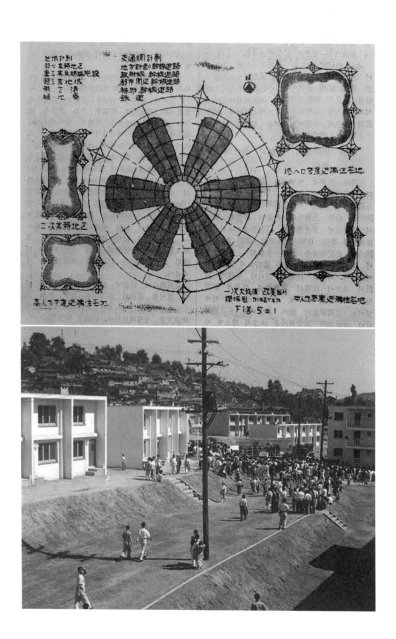

16 　제1차 세계대전 후 구미에서
찬양한 다이어그램으로 소개된
페리의 근린주구론. 출처:『건축』
제2호(1956년 4월)

17 　단독주택, 연립주택,
아파트로 구성한 한미재단주택
인수식(1956·9·26)에 모인 인파.
출처: 국가기록원

18 마포아파트 외부공간을 표지
사진으로 삼은 『주택』 제23호(1969년
6월).

19 지형을 고려한 택지개발로
아파트와 연립주택 등을 구현한
화곡구릉지구. 출처: 대한주택공사
홍보실

20　잠실아파트단지 전경(5단지
고층아파트가 공사 중인 것으로
보아 1975년경으로 추정).
출처: 대한주택공사 토지주택박물관

21　탑상형과 판상형
고층 주거동으로 구성한
잠실주공아파트5단지.
출처: 대한주택공사 홍보실

잠실지구는 5개 블록 전체를 하나의 독립된 거대 생활권으로 상정했고, 페리의 근린주구론의 핵심이라 할 수 있는 초등학교나 중학교를 중심에 둔 5개의 독립적 아파트단지로 구분했다. 각 아파트단지는 도시계획도로로 둘러싸여 완벽한 공간적 완결을 추구했다.

그 결과 '우리나라 주택건설사에 길이 남을 금자탑'이자 '주택 건설의 새로운 장을 이룩한 대역사'○라 자평한 잠실주공아파트단지는 심각한 쟁점을 던진 문제적 사례가 되기도 한다. 단지화 전략의 사회적 결과인 '단지의 폐쇄성' 때문이다. 잠실지구 아파트단지 이후 가구(街區, 블록 혹은 단지)를 계획의 단위로 하는 생활권계획은 강고한 계획 원리로 자리 잡았다. 이미 이런 생각이 사업시행자들의 마음속에 각인됐던 탓인지 1975년 2월 6일 기공식 현장 무대에 크게 써 붙인 글귀는 흥미롭게도 아파트단지가 아니라 단지아파트였다.

→ 22

각 블록은 공공 공간과의 접점을 잃은 채 폐쇄적 공간이 되어 인접 가로에는 사람이 거의 다니지 않았고 공공 공간은 황폐화 경향을 보였다.◎ 또 다른 문제는 15층의 탑상형과 판상형 주거동만으로 조성한 잠실5단지가 이후 고층아파트단지의 전범으로 확고하게 자리를 잡았다는 점이다. 재개발이 완성된 지 오래인 1~4단지의 현재 모습은 이미 예견된 것이었다. 모든 주민공동시설이나 편의시설을 단지의 울타리 안에 충분히 갖춤으로써 단지화 전략은 완벽에 가깝게 실현되었다. 마포주공아파트 초기안의 10층 Y자형과 一자형은 각각 15층 탑상형과 판상형 아파트로 잠실에서 재현된다. 시범아파트로 시작한 여정은 15년여 만에 한국형 아파트단지의

→ 23
24

전형으로 완성된다.

○ 「주택 건설의 새로운 장을 이룩한 주공 잠실 대단지 종합준공」, 『경향신문』 1978년 11월 29일자.

◎ 공동주택연구회, 『한국 공동주택계획의 역사』, 125쪽 내용을 일부 보완하고 수정해 정리한 것임.

22 잠실단지아파트 기공식
현장(1975·2·6). 출처 : 국가기록원

23   잠실5단지 35평형 탑상형아파트
전경. 출처: 대한주택공사 홍보실

24   잠실 고밀도 아파트단지 전경.
출처: 『대한주택공사 주택단지총람
1971~1977』(1978)

25

1968년 7월 1일 장동운은 대한주택공사 제4대 총재에
다시 취임했다. 윤태일의 후임으로 이들이 각각 대한주택영단
이사장과 서울특별시장으로 마포형무소 노역장 채소밭에서
만난 지 7년 만이었다. 서울시는 1966년 취임한 김현옥
시장의 지휘 아래 시민아파트를 구릉지 곳곳에 짓기
시작했고, 대한주택공사는 새롭게 등장한 중산층을 위한
주택과 맨션아파트 공급에 나섰다. 1969년 10월 23일 착공한
한강맨션아파트는 1970년 9월 9일 준공했다. 대한민국 정부엔
여전히 돈이 부족했다. "정부에 돈이 없으니 민간자본을
끌어들일 수밖에요. 5·16 혁명 이후 근대화·산업화가
진전되면서 중산층이 급격히 증가했어요. 중산층용 아파트가
성공할 사회적 토대가 마련됐다고 봤지요." 한국 최초의
모델하우스를 통해 선분양제도를 시행한 이유가 뭐였느냐는
기자의 질문에 대한 장동운 총재의 확신에 찬 대답이었다.
한강맨션아파트는 그에게 5·16 쿠데타 이후 두 번째 국가
프로젝트였다. 그리고 한국의 아파트는 이제 서민과 결별을
선언했다.○

26

대단지 아파트는 '기적'의 시대를 풍미했던 대량
생산체제의 직접적 산물이자 한국 사회가 '양과 속도'의 신조를
따르는 성장 이데올로기에 완벽하게 통합되었음을 보여주는
것이라고 최병두는 일찌감치 진단했다.◎ 한국의 아파트단지는
20세기 한국이 만들어낸 가장 독창적인 산물이자 매개체이자

○ 임동근은 『서울에서 유목하기』
(문화과학사, 1999), 54~55쪽에서
'아파트 주택과 서민의 어울림이
깨지는 결정적 계기는 와우아파트
붕괴(1970)와 광주대단지 주민 소요
사건(1971)'이라며 이들 사고 혹은
사태의 연이은 발생으로 아파트 거주에
대한 불신과 빈민계층의 집단 거주가
폭동이나 빨갱이들이 침투하기 좋은
환경을 만든다는 이유를 들어 정부가
중산 계급을 대상으로 아파트 주택을
공급하게 되면서 '아파트 주택과
중산 계급의 친근관계가 시작됐다'고
설명한다. 주택을 소유하려는
중산계급은 융자를 받아 주택을
구입했는데 융자는 곧 할부금에 대한
지불 능력을 의미했기에 정규직 사무직
종사자가 대부분이었다.

◎ 최병두, 『한국의 공간과 환경』
(한길사, 1991), 227~264쪽.

25 한강맨션아파트 기공식에서
사업계획을 설명하는 장동운
총재(1969·10). ©장세훈

329

26 준공을 앞둔 한강맨션아파트를
시찰하는 장동운 총재.
출처: 대한주택공사, 『주택』
제25호(1970년 6월)

상징이며, 한국 현대성의 한 척도이자 전형○이라는 진단에
동의하지 않는 이는 드물 것이다. "K-하우징 모델"(K-Housing
Model)로 불러도 크게 무리는 없을 것이다. 1960년대 초
국가 프로젝트로서 '아파트 주택의 성패를 가릴 모형'으로
등장한 마포주공아파트는 완벽한 승리를 거두었다. 60년 만에
대체 불가능한 완벽한 독점적 지위를 획득해 한국 사회 전체에
엄청난 영향력을 행사한다. 우리는 여전히 '마포아파트 체제'
속에 있다.

○   발레리 줄레조, 『아파트 공화국』
(후마니타스, 2007), 239~240쪽.

마포주공아파트 출현 (1961~1964)

1961

영단

1
31 부산시 부산진구 연지동 ○이인아파트 (2층 1동) 준공(USOM 협약)

5
28 나이키 이사장 퇴임 / 장동운 이사장 취임
마포교도소 노역장 현장 담판 (장동운 + 고원증 + 윤태일) 으로 부지 확보

6
국가재건비상조치법 공포

7
1 국가재건최고회의 박정희 의장 선출
7 마포아파트 설계자문위원회 구성
김희춘 (서울대 건축공학과 교수),
정인국 (홍익대 건축과 교수),
나상진 (나상진 설계사무소),
함성권 (한양대 건축구조학 교수),
김창집 (홍익대 건축과 구조학 교수),
강명구 (강명구 건축연구소) 등

1 마포형무소 대지에 대한 최초 실태조사 (업무부장→건설부장)

8
C1 도면 (Y형) 일부 10층에서 6층으로 설계 변경 시작

9
「월간조선」 인터뷰→자문위 구성 후 3개월 만에 설계 완료

10
16 마포아파트 1차 임대 6동 착공 (9, 12, 15평) / 공사 상수
현장사무소 설치
2 국가재건최고회의 「정부조직법」 개편

11
1 구전 최초로 건축부가 대통령상 수상 / 강석원 + 설영조 논산훈련소
28 「조선일보」를 통해 마포아파트 최초 언론 보도

12
1인당 GNP 80달러
1 강북구 이름으로 우전에「주택영단 아파트」(마포아파트) 출범
13 국토건설청이 대한주택영단 관할

설계자문위원회 구성과 동시에 마포아파트 설계 착수
(10층 11개 동 1,158호)

11 업덕문 이사 퇴임 (1958·11·11 취임 / 1957~1958 ICA 주택기술신장)
15 USOM+영단 합동 설계검토 회의 (마포아파트 10층 설계안)
22 C1과 C2에 대한 USOM 설계검토 의견서 작성

공사

	왼쪽	번호	오른쪽

제1차 경제개발5개년계획 착수

마포아파트 1차 임대 6동(450호) 준공

공사

● **1**
- 대한주택공사 창립, 장동운 초대 총재 및 홍사천 이사 취임
- 20 「대한주택공사법」 공포 / 사단법인 예술단체총연합회(예총) 출범 / 건축법 제정(주거지역 최대 높이 20m, 그렇지 않은 곳 35m)

● **2**
- 9 「국민저축조합법」 제정, 시행 (국민저축의지 앙양과 저축 증대)

● **3**
- OEC 주택국장 키도 닛조가 USOM 대표로 정부 공사회의 참석

● **4**
- 20 「대한주택공사법」 시행령
- 24 박정희 대통령 권한대행 (윤보선 하야)
- 20 군사혁명1주년기념 산업박람회 개막

● **5**
- 31 중랑파동(주가폭등으로 인한 중권거래소 부도로 인한 긴급 휴장)

● **6**
- 1 군사혁명1주년기념 제1회 신인예술상 사진전 (대상 아빠 빠이빠이)

● **7**
- 25 키도 닛조를 건설부 주택자문위원회 위원에 위촉 (건설부장관)
- 주택문제연구소 개소
- 10 화폐개혁(환→원, 예금봉쇄 무산으로 실패)

● **8**
- 18 건설부가 대한주택공사 관할

● **9**
- 13 임대아파트 입주자 모집
- 21 USOM Public Service Department Senior Housing Advisor(수석주택고문관)에 키도 닛조 지명 / Housing Advisory Committee(건설부 주택자문위) 참여

● **10**
- 20 USOM에 마포아파트 준공식 초대
- 18 「동아일보」에서 마포아파트 시설 상세 소개

● **11**
- 27 USOM 대표 참석은 적절치 않다는 낫조 의견 제시
- 9 키도 낫조 수석주택고문관 통보 (USOM→박응향 건설부장관)
- 13 무주택자 월세납부 가능지, 5인 이내 식구, 단체생활 영위 가능자 임대 모집했으나 미달 (추첨→선착순 변경)

● **12**
- 1 김현철 내각수반 1차 준공식 참석

1963

1
- 12 장동운 초대 총재 퇴임 / 박기석 2대 총재 취임
- 마포임대아파트 입주 완료
- 28 박기석 총재가 귀도에게 「주택」 제10호 원고 청탁 - 불발 / 「논제 - 한국 주택난 해결이 결정적 여건」

2

3
- 마포아파트 설계 변경 (一자형 아파트 192호 - 분양)
- 28 공화당 창당 (장동운 초대 총재가 2군 대표로 창당작업 참여)

4

5
- 16 군정 연장 성명 발표

6

7

8

9

10
- 15 제5대 대통령 선거 - 박정희 당선
- 16 보건사회부 국민주택과 폐지 - 건설부 주택건설과를 주택과로 개편

11
- 26 제6대 국회의원 선거
- 17 박정희 제5대 대통령 취임 / 제3공화국 출범

12
- 16 박기석 2대 총재 퇴임
- 30 「공영주택법」 제정 - 주공, 도시지역 아파트, 3층 이상 임대주택
- 31 「공영주택법」 시행

1 11 윤태일 3대 총재 취임

2 25 주택전 개최(~3·2 중앙공보관)

3 16 제1회 주택전람회 개최(~22 신문회관)

4 1 1964년도 분양아파트 48세대부터 '사전 분양' 실시
12 마포아파트 2차 공사(一자형 4개 동 분양 192호) 착공

5

6 3 6·3사태로 서울중지역 비상계엄령 실시
29 서울 비상계엄령 해제

7

8

9

10 1 一자형 분양아파트 분양 시작

11 20 마포아파트 2차 공사(분양 192호) 준공

12

마포주공아파트 변화
(1965~1994)

1965

1
2
3 — 12 제9야 인사 마포아파트 조청 설명회
4
5 — 25 한국종합기술개발공사 출범 (초대
6 — 22 한일협정 조인   사장 경기도 지사 역임 박창원)
7 — 25 고종아파트 지방세 감면 조치 시행
8   (1966~1970)
9 — 30 금리현실화조치 단행 (예금
10   최고이자율 월 2.5%, 연 30%)
11
12

1966

1
2
3 — 3 국세청 발족(재무부 외청 –
4   조세제도 합리화와 조세 증대)
5
6
7 — 3 「토지구획정리사업법」 제정
8
9
10
11
12 — 20 「주택」제17~18호를 통해
      마포아파트도 분양 요식 ㄱ

29 제2차 경제개발5개년계획 확정 공포

1
제2차 경제개발5개년계획 착수
1967년부터 주공은 공영주택자금으로 아파트 위주 사업 방침 천명

2

3
13 힐탑외인아파트 착공 (120호)
30 「한국주택금고법」제정, 공포

4
16 Y자형 임대아파트 분양 전환 움직임에 대한 여론 질타
29 박정희 선거유세 현장에서 경부고속도로 건설 천명

5
3 제6대 대통령 선거 - 박정희 당선
18 「토지구획정리사업법시행령」

6

7

8
Y자형 임대아파트 분양 전환 시작 (~11·30)
9 대구도로건설계획(안) 성안 - 주택 부문은 3층의 도표와 도면

9
28 제43차 이사회 개최 (마포아파트 분양금과 임주금 결정)

10
7 마포아파트 분양대체투쟁위원회 진정 (대표 6동 403호 김광택)

11
18 제63차 이사회 (마포아파트 분양금과 임주금 변경 결정)
29 「부동산투기 억제에 관한 특별조치법」제정

12

1968

1 — 21 1·21 무장공비 침투사건

2 — 1 경부고속도로 착공

3

4

5 — 31 임대주민과 분양주민 갈등 고조 –
   마포주공 관리권 이양

6 — 18 서울특별시 최초 시민아파트 착공

7

8

9

10 — 힐탑외인아파트 준공(안병의 설계)
   –주공 최초 엘리베이터
   –고층, 수입 자재 –사전 해외연수
   –현대건설 시공, 옥상 미끄럼틀,
   주공은 토지만 제공

11 — 30 서울시 전차운행 중단

12 — 5 국민교육헌장 공포

31 마포주공아파트 관리권 1차 이양
(주공→주민)

1 장동운 4대 총재 취임 / 윤태일
3대 총재 퇴임 / 홍사천 퇴임

1969

10·17 3선 개헌안 국민투표 통과
10·23 한강맨션아파트 착공

1970

3
13 한강외인아파트 착공
8 와우시민아파트 붕괴 사고
22 새마을운동 시작

4
1 저축추진중앙위원회 발족

6
30 동사천-서울합동기술개발공사 설립 / 김문기, 김효경, 박병주, 박학채, 지철근, 김문기 자문위원 위촉
7 경부고속도로 개통

7
11 마포아파트 관리사무소 세계설 후 관리권 시행

9
9 한강맨션아파트 준공 – 최초 선분양아파트, 모델하우스 개관

11
25 여의도시범아파트 착공 – 최초 12층
5 영동 1,2지구 중심의 60만 신도시 – 남서울개발계획 발표

12
18 한강외인아파트 준공

31 마포아파트 관리권 2차 이양 (주공→주민자치기구)

1971

1
15 한성프리훼브 발족

4
4 장동운 4대 총재 퇴임

8
10 광주대단지 주민소요 사태
27 제7대 대통령 선거 – 박정희 당선

11
25 반포주공아파트 착공
30 여의도시범아파트 준공 (서울합동기술개발공사 설계 총사천)

20 마포아파트 2차 공사(분양 192호) 준공

1972

10·17 계엄령 선포 (10월 유신)
12·31 반포주공아파트 준공(동별 준공, ~1974·12·25)

1991

3·28 재건축을 위해 마포주공아파트 철거(~1992·2)

1994

7·30 마포삼성아파트 입주(국내 최초 아파트 재건축)

참고문헌

단행본 및 논문

강명구, 「공동주택 건설의 문제점」, 『주택』 제9호(1962·8).

김희동, 「획기적인 주택사업을 위한 제언」, 『주택』 제9호(1961년 12월).

공동주택연구회, 『한국공동주택계획의 역사』(세진사, 1999).

대한주택공사, 『대단위단지개발사례연구 자료집』(대한주택공사, 1987).

_____, 『대한주택공사20년사』(대한주택공사, 1979).

_____, 『대한주택공사30년사』(대한주택공사, 1992).

_____, 『대한주택공사47년의 발자취』(대한주택공사, 2009).

_____, 『대한주택공사 주택단지총람 1954~1970』(대한주택공사, 1979).

_____, 『대한주택공사 주택단지총람 1971~1977』(대한주택공사, 1978).

_____, 『주택 건설』(대한주택공사, 1976).

류돈우, 「주택금고를 이용하려면」, 대한주택공사, 『주택』 제20·21호(1967·12).

박병주, 「단지연구의 당면 과제」, 『주택』 제10호(1963·6).

_____, 「아파트 건설과 주택사업: 주택공사가 아파트 건설 일변도로 전환한 데
대하여」, 『주택』 제19호(1967·6).

_____, 「주택금고에 부치는 나의 제안: 단지화된 주택사업에 우선토록」, 『주택』
제20·21호(1967·12).

박인석, 『아파트 한국사회: 단지공화국에 갇힌 도시와 일상』(현암사, 2013).

박정현, 『건축은 무엇을 했는가』(워크룸, 2020).

_____, 「콘크리트와 글로 빚은 20세기 한국 건축 ⑦ 1960년대 마포아파트
프로젝트」, 『경향신문』 2021년 12월 14일자.

_____, 「한국 현대건축에서 국가, 아방가르드, 유령」, 『국가 아방가르드의 유령』
(프로파간다, 2019).

박철수, 『박철수의 거주박물지』(도서출판 집, 2017).

_____, 『아파트: 공적 냉소와 사적 정열이 지배하는 사회』(마티, 2013).

_____, 『한국 주택 유전자 2』(마티, 2021).

박해천, 「아파트의 자서전」, 박배균·황진태 편저, 『강남 만들기, 강남 따라 하기』
(동녘, 2017).

발레리 줄레조, 『아파트 공화국』, 길혜연 옮김(후마니타스, 2007).

백욱인, 『번안 사회』(휴머니스트, 2018).

손세관, 『집의 시대: 시대를 빛낸 집합주택』(도서출판 집, 2019).

손정목, 『서울 도시계획 이야기 1』(한울, 2003).

_____, 『서울 도시계획 이야기 3』(한울, 2003).

심의혁, 「제1차 경제개발5개년계획에 있어서의 주택사업」, 『주택』 제9호(1962·8).

에릭 클라이네버그, 『도시는 어떻게 삶을 바꾸는가』, 서종민 옮김(웅진지식하우스, 2019).

요시미 순야, 『왜 다시 친미냐 반미냐』, 오석철 옮김(산처럼, 2008).

우디 그린버그, 『바이마르의 세기』, 이재욱 옮김(회화나무, 2018).

윤정섭, 「근린주구 계획 구성의 개요」, 『건축』 제2호(1956·4).

윤주현 편, 『한국의 주택』(국토연구원, 2002).

「위대한 세대의 증언: 주거혁명의 기수 장동운」, 『월간조선 뉴스룸』 2006년 7월호.

임동근, 『서울에서 유목하기』(문화과학사, 1999).

전상인, 『아파트에 미치다』(이숲, 2009).

주종원, 「커뮤니티계획에 있어서 아파트와 단독주택」, 『주택』 제16호(1966·5).

중앙건설 사사편찬팀, 『중앙가족60년사: 도전과 응전의 60년 1946~2006』 (중앙산업, 2006).

지주형, 「강남 개발과 강남적 도시성의 형성」, 『한국지역지리학회지』 제22권 제2호(2016).

천정환, 정종현, 『대한민국 독서사』(서해문집, 2018).

최병두, 『한국의 공간과 환경』(한길사, 1991).

한정헌, 『도자가마의 유형과 구조 연구』(단국대학교 대학원 조형예술학과 도자조형디자인전공 박사학위논문, 2013).

홍사천, 「도시와 주택정책」, 『주택』 제17·18호(1966·12).

_____, 「주택문제 잡감」, 『건축』 제8권 제1호(대한건축학회, 1964).

C.A. Perry, "The Neigfborhood Unit," *Regional Survey of New York and Its Environs*, vol.VII, (1929), pp. 34~35.

Harold MacLean Lewis, *Planning the Modern City*, Vol. 2 (John Wiley & Sons, 1957), p. 4.

Ludwig Hilberseimer, *Metropolisarchitecture and Selected Essays* (New York, GSAPP Books, 2013).

The Pruitt-Igoe Myth: An Urban History (film).

공문서 및 기록

건설부,『주택실태 조사보고서』(1967).

건설부,「대국토건설계획(안)」.

건설부,「마포아파트 분양가격 산정에 관한 질의」(1967·6·20).

경제기획원,『제2차 경제개발5개년계획 자료』(1966·8).

김도균,『한국 복지자본주의의 역사』(서울대학교출판문화원, 2019).

김선웅,「서울시 행정구역의 변천과 도시공간구조의 발전」, 서울정책아카이브

　https://seoulsolution.kr/ko/content/3182

내무부,「고층아파트 건설에 따른 지방세 감면 조치」(1965·9·15), 국가기록원 소장.

대한국토·도시계획학회 편저,『이야기로 듣는 국토·도시계획 반백년』(보성각,

　2009).

대한민국정부,『제2차 경제개발5개년계획』(1966·5).

대한주택공사,「(도화동 소형아파트) 인계인수서」(1963·12).

_____,「공사준공 조사 보고서」(1962·12·18).

_____,「마포구 도화동 7번지 마포아파트 대지분할도」(1964·10·5).

_____,「마포대지 확보에 대한 건의 건」(1961·11·2).

_____,「마포아파트 신축공사 배치도」(1962·11).

_____,「마포아파트 융자기준 및 입주금 납부 방안」(1967·11·16).

_____,「마포임대아파트 호당 분양 통고 가격과 변경가격 비교표」

　(1967·11·18).

_____,「인계인수 결과 보고」(1965·11·10).

_____,「제11차 이사회 회의록」(1964·3).

_____,「제63차 이사회 회의록」(1967·11·18).

_____,「1962년 마포아파트 신축 건축공사 1~2차 3공구, 5공구, 6공구

　준공조서」.

_____,「1963년 마포아파트 추가공사(도면)」.

_____,「1964년 마포 A형 아파트 신축 토목공사 준공 검사 보고서」.

_____,「1964년 마포아파트 건평 내역 통보」.

_____,「1965년 공사 준공 검사보고서」.

대한주택공사 기획부장 직무대리,「이사회 안건 송부」(1967·11·16).

대한주택영단,「공사(工事) 사무소 신설」(1961·10·17).

_____,「국사인비 제516호: 대한주택영단 이사장 임면발령안」(1960·11).

_____,「대지 실태조사에 관한 건」(1961·8·1).

_____,「대한주택영단5개년건설계획」(1961).

_____, 「마포아파트 사업계획」(1961·11).

대한주택영단, 「62년도 건설사업계획 내역표」(1961·12·29).

마포교도소, 「마포 관사 입주자 철거 회보」(1962·2·24).

마포아파트 관리사무소, 「마포아파트 관리소 인수인계 결과 보고」(1965·11·10).

마포아파트 분양대책투쟁위원회 위원장, 「진정서」(1967·10·7).

서울합동기술개발공사, 「여의도시범아파트계획」(1970·7).

「조선총독부 관보」(1923·5·5).

USOM, "Proposed Apartment Housing, Mapo, Seoul, Korea"(1961·11·22).

344

345

박철수

서울시립대학교와 같은 대학 대학원에서 공부했다.
대한주택공사 주택도시연구원에서 일했으며, 2002년부터
서울시립대학교 건축학부로 자리를 옮겨 주거론, 도시설계론,
서울의 주거문화 연구 등을 학생들과 공부했다.
공동주택연구회를 통해 『한국 공동주택계획의 역사』,
『도시집합주택의 계획 11+44』, 『MA와 하우징디자인』, 『일본의
현대하우징』 등을 출간했고, 『근현대 서울의 집』, 『서울
이천년사』 35권 및 40권, 『쉽게 읽는 서울史(현대편)』, 『한국
의식주 생활 사전: 주생활』(전 2권)에 필진으로 참여했다.
박인석과 『아파트와 바꾼 집』, 『건축가가 지은 집 108』을
함께 쓰고 기획했다. 『아파트의 문화사』, 『아파트: 공적
냉소와 사적 정열이 지배하는 사회』, 『박철수의 거주박물지』,
『경성의 아파트』 등을 썼다. 2021년에 출간한 『한국주택
유전자』(전 2권)로 '제4회 롯데출판문화대상 본상'과 '제62회
한국출판문화상(저술 - 학술)', '제10회 우수편집도서상'을
받았다.

마포주공아파트
단지 신화의 시작

박철수 지음

초판 1쇄 인쇄 2024년 3월 30일
초판 1쇄 발행 2024년 4월 10일

ISBN 979-11-90853-54-5 (93330)

발행처   도서출판 마티
             출판등록 2005년 4월 13일
             등록번호 제2005-22호
발행인   정희경
편집   박정현, 서성진
디자인   이기준

주소   서울시 마포구 잔다리로 101, 2층 (04003)
전화   02·333·3110
이메일   matibook@naver.com
홈페이지   matibooks.com
인스타그램   instagram.com/matibooks
엑스   twitter.com/matibook
페이스북   facebook.com/matibooks